Ulrich G. Strunz

Arsch
hoch
beginnt
im Kopf

Impressum

Originalausgabe
© 2019 by Ariston Verlag, München
In der Verlagsgruppe Random House GmbH
Neumarkter Straße 28, 81673 München

Bibliografische Information der Deutschen Bibliothek
Die Deutsche Bibliothek verzeichnet diese Publikation
in der Deutschen Nationalbibliografie; detaillierte bibliografische Daten sind im
Internet unter www.dnb.de abrufbar.

Redaktion: Christoph Taschner, Ernst Dahlke
Coverdesign: Eisele Grafik-Design, München; Foto: Kay Blaschke
Layout/Satz: Buch-Werkstatt GmbH, Bad Aibling/Kim Winzen
Grafiken: Buch-Werkstatt GmbH, Bad Aibling/Kim Winzen
Druck und Bindung: CPI books GmbH, Leck

Printed in Germany

MIX
Papier aus verantwor-
tungsvollen Quellen
FSC® C083411

Verlagsgruppe Random House FSC®-N001967

2. Auflage
ISBN: 978-3-424-20211-3

Danksagung

Mein besonderer Dank gilt Dr. Kristina Jacoby für ihre großartige Unterstützung.

Haftungsausschluss

Ulrich G. Strunz

Arsch hoch beginnt im Kopf

Wie die Kraft des Denkens unser Leben verändert

Inhalt

Vorwort

Ich war übergewichtig, unzufrieden und litt an Asthma. Ich musste etwas ändern. Was es dafür zu tun gab, war klar: abnehmen, Sport treiben, mit dem Rauchen aufhören. Doch wie geht man das an?

Ich wusste, dass Verhalten größtenteils durch Emotionen und Gedanken bestimmt wird. Demnach müsste sich mein Verhalten ändern, wenn ich es schaffe, anders zu fühlen und zu denken.

Und wie gelingt das wiederum? Durch Meditation! Ich ziehe allerdings den Begriff Gehirntraining vor, denn Meditation verändert genauso das Gehirn, wie Laufen einen Oberschenkelmuskel verändert.

Ich entwickelte also leicht-lockere Trainingseinheiten fürs Gehirn. Ich meditierte ohne Druck, mal kurz zwischendurch und lächelnd. Mit verschiedenen Tricks veränderte ich mein Denken. Das wirkte sich positiv auf meine Emotionen und mein Verhalten aus. Dadurch löste ich das Umsetzungsproblem.

Das Umsetzungsproblem ist vielen übergewichtigen Sportmuffeln bekannt. Dass ich lange Zeit zu ihnen gehörte, überrascht – schließlich wurde mein

Vater als Fitnesspapst bekannt. Seit mehr als 30 Jahren heilt er mit Sport- und Ernährungsratschlägen, umfangreichen Blutanalysen sowie genauen Empfehlungen zur Einnahme von Nahrungsergänzungsmitteln, basierend auf den Ergebnissen verschiedener Untersuchungen.

Unzählige Patienten, die von der Schulmedizin aufgegeben wurden, haben durch ihn ein zweites Leben erhalten. Er ist nicht nur als Arzt erfolgreich, sondern auch Bestsellerautor. Das Wissen war seit meiner Kindheit da. Bei mir haperte es an der Umsetzung. So lange, bis ich einen Tiefpunkt erreichte, an dem es nicht mehr so weiterging.

Im Nachhinein beurteile ich diesen Tiefpunkt als Weckruf. Er lenkte mein Leben in bessere Bahnen. Durch mein Gehirntraining habe ich heute einen gesunden Lebensstil. Zusätzlich wirkt sich das Training positiv auf meine beruflichen Tätigkeiten und mein Privatleben aus. Heute bin ich disziplinierter. In herausfordernden Situationen reagiere ich zudem gelassener. Und insgesamt bin ich glücklicher als zuvor.

Die Trainingseinheiten fürs Gehirn möchte ich nicht für mich behalten. Jeder kann davon profitieren, nicht nur Sportmuffel oder Übergewichtige. Denn ist nicht jeder auf der Suche nach etwas mehr Glück? Wenn sich auch dein Denken durch das Gehirntraining verändert, wirst du unweigerlich glücklicher.

In diesem meinem ersten Buch beschreibe ich, wie ich mein Gehirn trainierte und wie sich dadurch mein Denken und Handeln veränderte. Ich erläutere hierfür viele verschiedene Meditationstechniken. Du sollst dir jene herauspflücken, die dir zusagen, und damit glücklich werden.

Dein

Ulrich Gabriel Strunz

So geht es nicht weiter

Die Waage zeigt 94,5 Kilogramm an, bei einem Körperfettanteil von 25 Prozent – zu viel für meine Körpergröße. Zudem fühle ich mich unfit und leide an Asthma. Doch nicht nur mein Körper ist aus den Fugen geraten, auch mein Leben ist weit vom Idealzustand entfernt. Ich studiere zwar Wirtschaftsinformatik, bin aber hauptsächlich an Zerstreuung interessiert. Ich will etwas ändern, und zwar schnell und kompromisslos!

Nullpunkt meines jungen Lebens

Schon seit fast einem Jahr bin ich unzufrieden. Die Tage vergehen mit Computerspielen, ich treffe Freunde, trinke und rauche. Mir ist fast alles egal. Und genauso lebe ich, ich lasse mich gehen. Eigentlich sollte ich zufrieden sein. Ich bin intelligent, Geld war bislang kein Thema. Ich habe meinen ersten Universitätsabschluss, einen Bachelor in Wirtschaftsinformatik, in der Tasche und bin dazu Teilhaber einer IT-Firma, die ich vor einem Jahr mit Freunden gründete. Für ein Start-up läuft sie okay, aber sie motiviert mich nicht mehr. Seit Herbst bin ich im Master-Studiengang Wirtschaftsinformatik eingeschrieben, aber er langweilt mich. Aufgrund der Faktenlage sollte ich zufrieden sein, doch ich bin es nicht. Was ist der Grund? Ist es nur das Übergewicht und mein schreckliches Asthma, oder ist es mehr als das?

Ich habe das Gefühl, dass etwas Grundlegendes nicht stimmt. Was läuft schief in meinem Leben? Das Gefühl ist diffus, nicht greifbar. Gleichzeitig ist mir klar: Ich will glücklicher sein!

Um glücklicher zu sein, muss ich etwas ändern. Nur was? Ist es mein Freundeskreis? Hält er mich davon ab, dass ich mich weiterentwickle und mein Potenzial lebe? Ist es die Firma? Dort herrscht nämlich Stillstand. Mit unserer Anfangseuphorie haben wir sie zum Laufen gebracht, jetzt bestimmen tägliche Routinearbeiten das Geschäft, die keiner von uns gerne macht.

Lerne ich zu wenige neue, inspirierende Leute kennen? Sollte ich mich anders vernetzen, damit sich etwas ändert, oder rauben mir meine Freunde die Energie? Viele sind wie ich träge und jammern. Einige haben finanzielle Probleme, andere gesundheitliche. Ich höre ihnen zu, sage, was sie hören wollen, damit sie sich besser fühlen. Ich unterstütze sie, soweit ich kann. Ob es ihnen hilft, weiß ich nicht. Mich laugt es aus.

Es ist absurd, denn wenn ich nur die Fakten meines Lebens betrachte, sieht alles erfreulich aus. Aber es fühlt sich nicht so an. Manchmal habe ich sogar das Gefühl, dass ich zur Rettung der Welt beitragen müsste. So viel läuft schief auf unserem Planeten.

Was soll ich tun? Ich kann die Welt nicht retten, das ist eine Mission impossible. Oder soll ich gar nichts tun? Ich kenne das richtige Maß nicht. Es deprimiert mich.

Ich bin am Nullpunkt meines jungen Lebens.

Hilft Meditation?

Verändere dich selbst, dann verändert sich dein Leben! Diesen und ähnliche Sätze habe ich oft gehört. Sind es gar nicht meine Freunde, das Studium oder die untergehende Welt, die mich unglücklich machen? Bin ich es selbst? Und wenn ja, wie komme ich da raus? Ob mir Meditation helfen kann?

Das Meditieren hatte ich mir während des Studiums abgewöhnt, aus Bequemlichkeit und aus Arroganz. Jahre zuvor war es für mich eine

Selbstverständlichkeit, ich hatte es früh im Leben in einem speziellen Seminar für Kinder erlernt.

Ich will es wieder angehen und damit mein Leben nachhaltig umkrempeln, denn Meditation verändert das Gehirn. Und wenn sich erst einmal Nervenzellen neu miteinander verknüpfen, dann verändern sich das Denken, die Emotionen und das Handeln. Genau das brauche ich!

Meditation – das hört sich so spirituell, so esoterisch an. Nach Menschen, die im Lotussitz auf eine Kerze starren; nach Gurus, die erklären, wie man sich auf das Ein- und Ausatmen konzentriert; nach Meditationsschülern, die ihre Meditationslehrer verherrlichen und ihre Knieschmerzen beim Meditieren leugnen. Das schreckt ab. Gleichzeitig muss etwas dran sein, schließlich wird Meditation seit Tausenden von Jahren gelehrt. Wenn es keine Wirkung zeigen würde, hätte es sich nicht so lange gehalten. Mich interessiert das Wesentliche, nicht das Tamtam um Sitzkissen, Kerze, Guru usw. Meditieren kann ich auch nur kurz und zwischendurch.

In meiner Kindheit meditierte ich manchmal im Bett liegend, ich versuchte, alles bewusst wahrzunehmen: die Matratze, auf der ich lag, die Schatten im Zimmer, die Wand neben mir. Ich berührte die Wand mit meiner Wange, spürte ihre Härte und die Kälte. Im Geiste verschob ich sie. Natürlich blieb die Wand an Ort und Stelle stehen, es kam gar nicht darauf an, sie wirklich zu verschieben. Wichtig war, mich möglichst lange auf ein einziges Objekt zu konzentrieren. Das schult das Gehirn. Normalerweise wandern die Gedanken die ganze Zeit hin und her. Wenn ich mich auf die Wand konzentrierte und sie mit aller Kraft im Geiste verschob, hatten keine anderen Gedanken mehr Platz.

Ich bin kein Kind mehr, die Wandmeditation passt nicht mehr. Ich versuche es mit der Meditation, die mein Vater immer abhält. Er bildet ein bedeutungsloses Kunstwort. Sein liebstes klingt wie IOMAN, was er dann im Geiste wiederholt. Er denkt an nichts anderes mehr und spricht es ständig vor sich hin. Ich versuchte es: IOMAN … Vor meinem geistigen Auge taucht ein Diamant auf; hört sich IOMAN nicht so ähnlich wie Diamant an? Sogar an einen Gugelhupf denke ich, wenn ich das Wort IOMAN wiederhole. Meine Gedanken ordnen dem sinnlosen Wort eine Bedeutung nach der anderen zu, ohne dass ich das eigentlich beabsichtigt hätte. Es ist offensichtlich: Mein Verstand ist alles andere als ruhig und klar.

Wie aus Gedanken Gefühle entstehen

Wie sehr meine Gedanken hin und her springen, wird mir während eines Telefonats bewusst. Ich rufe bei einem Softwareunternehmen an. Es ist 9.30 Uhr am Morgen. Die junge, männliche Stimme eines Mittzwanzigers antwortet mit wenig Elan. »Oh weh«, denke ich, fast so wie der Service im Start-up-Unternehmen meines Kumpels. Der hat keine Angestellten, sondern nur Freelancer – Kommilitonen, die er mit Hardware und Keksen bezahlt, damit sie vormittags Anrufe entgegennehmen. Wahrscheinlich sitzt der junge Mann, den ich am Telefon habe, daheim mit Headset vor seinem PC, mampft Doppelkekse mit Schokofüllung, hat die ganze Nacht irgendetwas Sinnloses getrieben und ist hundemüde. Meine Sorgen sind sofort da: Wenn ich diese Firma mit der Programmierung beauftrage, wird etwas schiefgehen!

Meine Gedanken wandern ungehindert weiter: Im Headset kleben bestimmt Haarschuppen. Wahrscheinlich duscht er auch nie und riecht süßlich nach Schweiß!

Ich beende das Gespräch, fühle mich niedergeschlagen und wenig optimistisch, dass jemand schnell die nötige Programmierung übernimmt. Plötzlich halte ich inne, denn inhaltlich war die Unterhaltung hilfreich. Ich war nur ständig mit der elanlosen Stimme beschäftigt, die natürlich auch etwas aussagt. Doch wie viel Bedeutung soll ich ihr und wie viel dem Inhalt des Gesprächs zumessen?

Ein Leben lang sammeln wir unbewusst Erfahrungen und bewerten neue Situationen auf deren Grundlage. Dieses automatische System hilft uns bei schnellen Entscheidungen. Aber es arbeitet nicht fehlerfrei, es kann auch versagen. Meine Gedanken drehten sich während des Gesprächs immer wieder um die elanlose Stimme, völlig sinnlos. Der Inhalt war wichtiger.

Lisa Feldman Barrett beschreibt in ihrem Buch *How Emotions Are Made* eindringlich, wie aus Gedanken Gefühle entstehen. Dementsprechend lief es in meinem Fall so: Ich fühle mich nach dem Gespräch niedergeschlagen. Ich habe wenig Hoffnung, dass ich schnell die gewünschte Applikation erhalte. Nur resultiert das Gefühl nicht aus Fakten, sondern aus dem Umstand, dass die elanlose Stimme meines Gesprächspartners bei mir eine Fantasiewelt entstehen ließ. Vielleicht ist nichts von dem wahr, was vor meinem inneren Auge auftauchte. Vielleicht habe ich mit einem erfahrenen Programmierer gesprochen, der Mitte vierzig ist, der müde war, weil er die ganze Nacht gearbeitet hat. Vielleicht war er auch nicht müde, sondern hörte sich nur elanlos an, weil er normalerweise komplexere Software programmiert und an meiner Miniapplikation wenig Interesse hat. Oder er hatte Zahn- bzw. Kopfschmerzen – auch das ist möglich. So betrachtet verändert sich sofort meine Stimmung! Ich bin durchaus zuversichtlich, dass er doch der richtige Programmierer ist.

Ich wusste, ein durch Meditation trainiertes Gehirn reagiert anders. Wäre mein Gehirn in einem guten Trainingszustand, hätte es zwar die müde Stimme verarbeitet, aber keine Assoziationsketten gebildet. Die Gedanken wären nicht unkontrolliert auf Wanderschaft gegangen und hätten keine unnötigen Sorgen und Ekelattacken hervorgerufen. Ein trainiertes Gehirn beherrscht die Sinneseindrücke. Man hört eine Stimme mit einer spezifischen Dynamik, und das Gehirn registriert Stimme und Dynamik. Punkt.

Das Gleiche gilt für das Sehen oder Riechen. Man geht an einer Bäckerei vorbei, es riecht intensiv nach frisch gebackenen Brezeln. Kein Gedanke daran, dass man eine frische Brezel essen möchte. Ohne den Gedanken entsteht auch nicht die Lust auf eine Brezel. Ein trainiertes Gehirn nimmt den Geruch wahr und belässt es dabei. Oder man sieht ein Bier. Kein Gedanke daran, dass man ein Bier trinken möchte, kein Verlangen, keine Gelüste. Man hat nur das Bild eines Bieres vor Augen.

Ich will, dass sich mein Verstand genau auf diese Weise verhält, denn das würde mein Leben wieder in die richtige Bahn lenken. Mein

Verstand und die von ihm konstruierten Geschichten könnten also der Grund meiner diffusen Unzufriedenheit sein.

Meditation ist Konzentration

Meditation ist in erster Linie ein Konzentrationstraining.[1] Seit Tausenden von Jahren wird die Konzentration auf den eigenen Atem als eine Meditationstechnik vermittelt. Dabei kommt es am Anfang auf den Atem selbst gar nicht so an, er wird vielmehr als ein einfaches und praktisches Hilfsmittel benutzt, weil man ihn immer »dabeihat«. Die Gedanken wandern ziellos umher; ich lenke sie in Richtung Ein- sowie Ausatmen und versuche, sie dort so lange wie möglich verweilen zu lassen. Dann wandern sie irgendwann wieder weg, garantiert! Macht nichts, ich hole sie zurück zum Atem.

Falls das Kopfkino beim nächsten Gespräch mit einem Programmierer wieder losgeht, werde ich mich kurz auf meinen Atem konzentrieren. Das unterbricht den Gedankenstrudel. In diesem Moment erlebe ich eine Situation dann unvoreingenommen. Das Geniale an dem Trick ist, dass er immer und überall anwendbar ist. Beim Autofahren, in einem Gespräch, vor dem PC, beim Kochen oder Handwerken.

Training fürs Gehirn

Viele kleine Meditationen zwischendurch trainieren das Gehirn, genauso wie viele kleine Kraftübungen den Skelettmuskel stärken. Doch es gibt einen großen Unterschied: Ein untrainierter Muskel ist langsam und schlapp, wohingegen in einem untrainierten Gehirn die Gedanken schnell »hin und her zappeln«. Will man den Skelettmuskel trainieren, muss man ihn fordern und bewegen – immer schneller und kräftiger, bis er schmerzt. Will man das Gehirn trainieren, muss man seine ständigen Gedankenbewegungen reduzieren. Das gelingt, indem man sich stets auf eine Sache konzentriert. Die Trainingsarten für Muskel und

Gehirn unterscheiden sich, jedoch bewirken sie ähnliche Veränderungen im jeweiligen Gewebe. Die Muskelzellen nehmen an Größe zu, außerdem vermehren sich die kleinen Äderchen in der Muskulatur, was die Durchblutung fördert. Die Zellen erhalten mehr Sauerstoff sowie Nährstoffe und werden leistungsfähiger. Für die Nervenzellen gilt das Gleiche: Auch sie wachsen in einigen Gehirnregionen und vernetzen sich untereinander intensiver. Gleichzeitig bilden sich im Gehirn neue Äderchen, sodass die Versorgung mit Sauerstoff und Nährstoffen steigt. Besonders viele neue Zellen entstehen in der Region, die für Emotionen und Handeln zuständig ist. Mit den neuen Gehirnzellen verwirklicht man z. B. leichter Vorsätze. Die kurzen Konzentrationsübungen zwischendurch steigern die Erfolgschancen im Beruf wie im Privatleben. Ist das nicht genial?

Aus der Wissenschaft:

Meditation verändert das Gehirn

Die Neurowissenschaftlerin und Diplom-Psychologin Dr. Britta Hölzel untersuchte am *Bender Institute of Neuroimaging* der Universität Gießen und an der Harvard Medical School in Boston, USA, die durch Meditation bedingten neuronalen Veränderungen im Gehirn. Gemeinsam mit Kollegen wies sie nach, dass Menschen, die regelmäßig meditieren, eine höhere Aktivität im präfrontalen Kortex haben[2]. Der präfrontale Kortex liegt direkt hinter der Stirn; in diesem Teil des Gehirns werden Handlungen geplant und gesteuert sowie deren Konsequenzen bedacht. Je aktiver dieser Bereich ist, umso überlegter und konsequenter wird gehandelt, werden Probleme gelöst.

Andere Wissenschaftler konnten ebenfalls durch Meditation bedingte Veränderungen im Hippocampus messen. In dieser Region werden Emotionen verarbeitet und Informationen gespeichert, sie liegt zentral im Gehirn. Durch das Meditieren nimmt die graue Substanz im Hippocampus zu. Die graue Substanz besteht aus den kompakten Zellkörpern der Nervenzellen. Von jedem Zellkörper gehen viele Ärmchen ab, sogenannte Dendriten, und ein Megaarm, der Axon heißt. Die weiße Substanz im Gehirn besteht aus den Ärmchen und den Megaarmen. Sie sorgen für die Vernetzung der Nervenzellen untereinander. Je mehr graue Substanz im Hippocampus gemessen wird, desto mehr Gehirnzellen gibt es und umso entspannter ist eine Person. Entspannung ist trainierbar – mit Meditation!

Eine weitere Gehirnregion, die Amygdala, auch Mandelkern genannt, liegt ebenfalls zentral im Gehirn. In ihr findet die Bewertung von Gefahren statt. Interessanterweise nimmt die graue Substanz in dieser Gehirnregion durch Meditation ab. Das heißt, die Anzahl der Zellen reduziert sich. Erstrebenswert, denn das vermindert Angst und Sorgen.[3]

Nicht nur die Anzahl der Nervenzellen und ihre Verknüpfungen untereinander verändern sich durch Meditation, auch deren Erregbarkeit zeigt neue Muster. Erregte Nervenzellen erzeugen eine Art Ministromfluss. Bei Untersuchungen bestimmen Wissenschaftler ihn mit Kappen, in denen Messelektroden stecken.

Im wachen Zustand zeigen die Gehirne vieler Menschen Wellenlängen im Betabereich. Das ist ein Zeichen dafür, dass Nervenzellen Informationen wild hin und her schicken. Der Genuss von Kaffee verstärkt übrigens Gehirnwellen dieser Frequenz. Die Messergebnisse von Personen, die viel meditieren, sehen anders aus. Sie zeigen Alphawellen, ihre Nervenzellen senden die Informationen langsam. Langsamkeit ist ein Gütekriterium! Langsame Gehirnwellen sind ein Anzeichen für Konzentration bei gleichzeitiger Gelassenheit. Zudem werden in der Alphafrequenz normalerweise nicht bewusst ablaufende Gedankengänge und Verhaltensweisen erfahrbar.

Personen ohne Meditationserfahrungen erreichen den Alphazustand hauptsächlich nur dann, wenn sie ihre Augen schließen und sich entspannen.[4] ·

Jede minimale und natürlich auch jede längere Meditation verändert die Gehirnstruktur. So wie ein trainierter Oberschenkelmuskel andere Leistungen erbringt als ein untrainierter, arbeitet ein trainiertes Gehirn anders als ein untrainiertes.

In der Fachsprache heißt die Neuvernetzung und die Bildung neuer Nervenzellen Neuroplastizität. Das Gehirn verändert sich messbar. Doch wie beim trainierten Oberschenkelmuskel, der seine Kraft verliert, wenn er nicht weitertrainiert wird, verliert auch der Verstand seine Souveränität, wenn er nicht regelmäßig meditiert. Das beste Resultat zeigt sich, wenn wir täglich mehrmals meditieren, ein Leben lang. Bei einigen zeigen sich schnell Veränderungen, bei anderen dauert es Monate. Denn nicht nur das tägliche Gehirntraining ist entscheidend, sondern auch der Zustand des Gehirns vor dem Trainingsbeginn. Wurde es nie besonders gefordert oder musste es sich nur wenig konzentrieren, dann dauert es länger, bis sich die Veränderungen zeigen. Genauso wie der Oberschenkelmuskel von jemandem, der nie Sport getrieben hat, länger braucht, bis er fünf Kilometer problemlos läuft, als ein Oberschenkelmuskel mit einer gewissen Grundfitness. Wer lange konzentriert arbeitet, das Fußballtraining mit höchster Konzentration absolviert oder konzentriert ein Musikinstrument erlernt, wird beim Meditieren schneller Erfolge bemerken als jemand, der seine Gedanken nur hin und wieder auf etwas fokussiert.

Egal, in welchem Zustand das Gehirn ist, Meditation lohnt sich. Viele Menschen, die mit dem Meditieren beginnen, berichten nach wenigen Wochen von den ersten spürbaren Veränderungen. Und selbst wer dann nichts spürt, sollte dranbleiben, denn irgendwann werden sich die positiven Effekte zeigen. Wer anfängt zu laufen und es täglich wiederholt, wird fitter – keine Frage. Genauso ist es bei der Meditation.

Die ersten positiven Effekte reichen jedoch nicht, um dauerhaft glasklar zu entscheiden und konsequent zu handeln. So ein Gehirn ist das Ergebnis jahrelangen Trainings. Es lohnt sich, denn es ist der Schlüssel zu innerer Zufriedenheit. Meditation bedeutet übersetzt übrigens auch: Geistesschutz. Wie passend!

Gehirntraining: Kurzmeditationen

Zwischendurch eine Minute zu meditieren ist immer möglich. Das Konzentrations- und Wahrnehmungstraining lässt neue Gehirnzellen und Verknüpfungen entstehen. Das wirkt sich positiv auf deinen Fokus und dein emotionales Erleben aus. Du brauchst dir zum Meditieren nicht zusätzlich Zeit zu nehmen, denn der Alltag steckt voller Trainingsmöglichkeiten.

 ## *Eine Minute Meditation*

So wird's gemacht: Du konzentrierst dich eine Minute lang auf deinen Atem.

Trainingsmöglichkeiten: im Büro zwischendurch, während der Kaffeepause, auf dem Sofa.

Tipp: Am einfachsten ist es, wenn du die Atemzüge innerlich kommentierst: Einatmen – Ausatmen – Pause. Wenn die Gedanken abwandern, führst du sie zurück auf den Atem.

 ## *Füße, seid ihr da?*

So wird's gemacht: Immer, wenn du eine kurze Strecke gehst, konzentrierst du dich auf deine Füße.

Mit folgenden Fragen lenkst du deine Aufmerksamkeit auf die Füße:

- Wie fühlen sich meine Füße an?
- Wie setzen sie auf dem Boden auf?
- Wie fühlt sich der Untergrund unter ihnen an?
- Kann ich mich auf beide Füße gleichzeitig konzentrieren?

Trainingsmöglichkeiten: auf den Wegen innerhalb der Wohnung oder am Arbeitsplatz, beim Spaziergang oder Laufen sowie auf dem Sofa.

Tipp: Wähle am Anfang einen speziellen Weg für die Fußmeditation aus, und führe sie immer durch, wenn du diese Strecke zurücklegst. Sobald du den Weg gehst und die Meditation automatisch einsetzt, nimmst du eine weitere Strecke hinzu.

3 Was denke ich?

So wird's gemacht: Du konzentrierst dich auf deine Gedankengänge. Du nimmst sie wahr, bewertest sie aber nicht.

Mit folgenden Fragen richtest du deine Aufmerksamkeit auf die Gedanken:

- Was denke ich gerade?
- Welcher Gedanke kommt als Nächstes?
- Welche Gefühle entstehen durch den Gedanken?

Trainingsmöglichkeiten: unter der Dusche, beim Auto- oder Fahrradfahren, in der U-Bahn, im Zug oder im Flieger sowie auf dem Sofa.

Tipp: Entscheide dich für einen Ort, an dem du täglich Zeit verbringst, und führe dort die Gedankenmeditation durch. Und zwar immer, wenn du an diesen Ort gelangst! Bewerte keinen Gedanken als gut oder schlecht, richtig oder falsch. »Beobachte« die Gedanken nur, das ist Teil des Trainings. Kurzmeditationen sind der Anfang. Je länger du sie durchhältst, umso besser ist es. Beispielsweise kannst du dich 10 Minuten lang am Morgen in der U-Bahn auf deine Atmung konzentrieren und am Abend 15 Minuten lang auf deine Gedanken. Dazu setzt du dich am besten hin.

4 Wasser fühlen

So wird's gemacht: Wenn du dir die Hände wäschst oder duschst, fühlst du das Wasser so intensiv wie möglich. Konzentriere dich darauf, wie das Wasser über deinen Körper fließt, wie warm oder kalt es ist, wie deine Haut auf das Wasser reagiert und wie es sich anhört.

Trainingsmöglichkeiten: beim Geschirrspülen, Händewaschen oder Duschen.

Tipp: Beginne mit der Übung während des Händewaschens, und steigere dich hin zum Duschen und Geschirrspülen.

Erster Schritt – Laufen

Ich will nicht länger am Umsetzungsproblem leiden, und ich weiß, was zu tun ist: meditieren, laufen, Ernährung umstellen. Da ich so frustriert bin, beschließe ich, mit allem auf einmal zu beginnen. Den Entschluss fasse ich ausgerechnet kurz nach Weihnachten.

Neujahrsvorsatz erster Teil: Ich werde laufen. Geschätzt bin ich einer von mehreren Millionen Deutschen, die mit diesem Ziel ins neue Jahr starten. Klassisch! Wie viele verwirklichen ihre Vorsätze? Egal. Ich will zu denen zählen, die es packen.

Ich suche mir eine Laufstrecke, die außerhalb der Stadt liegt. Meiner Einschätzung nach sind dort nur wenige Läufer unterwegs. Denn ich will nicht, dass mich durchtrainierte Sportler mustern. Es ist der zweite Januar, Nachmittag, es nieselt und ist grau, fast schon dunkel. Die Temperatur liegt leicht über null Grad. Vom Parkplatz aus laufe ich den Asphaltweg entlang. Er verläuft parallel zur Straße, die sich schnurgerade durch die Landschaft zieht. Der Weg hat kein Gefälle. Da ich als Jugendlicher hin und wieder Mountainbike fuhr und Tennis spielte, rede ich mir ein, dass ich die Strecke überleben werde.

Ich laufe langsam. Jeder Schritt fühlt sich beschwerlich an. Da ich Asthma habe, konzentriere ich mich auf die Atmung: zwei Schritte lang einatmen, drei Schritte lang ausatmen. Falls ich einen Anfall bekommen sollte, habe ich mein Asthmaspray dabei. Für Asthmatiker ist das

Ausatmen besonders wichtig – sowie ein gleichmäßiger Atemrhythmus. Das reduziert das Risiko eines Anfalls.

Nach ungefähr einem Kilometer gehe ich das erste Mal einige Schritte. Es ist mir unangenehm, doch gleichzeitig will ich mir nichts vorwerfen. Ich trotte draußen im Nieselregen rum, das ist doch schon mal was! Nach zwei Kilometern endet der Asphaltweg. Ich fühle mich ebenfalls am Ende und gehe wieder ein kurzes Stück. Ich sehe einen Schotterweg, der steil in den Wald hineinführt. Das ist zu viel für mich, doch ich hoffe, in einigen Wochen die Runde zu erweitern. Heute kehre ich um und trotte langsam zum Parkplatz zurück. Ich benötige zwei weitere Gehpausen. Erschöpft stehe ich vor meinem Auto und bin stolz auf mich. Ich bin zwar weder lange noch schnell gelaufen, aber ich habe es gemacht! Das ist das Wichtigste.

Laufen ist das Normale

Gehirntraining und Ausdauertraining bedingen sich gegenseitig. Wer körperlich fit ist, meditiert besser. Und wer meditiert, absolviert sein Training disziplinierter.

Meditation 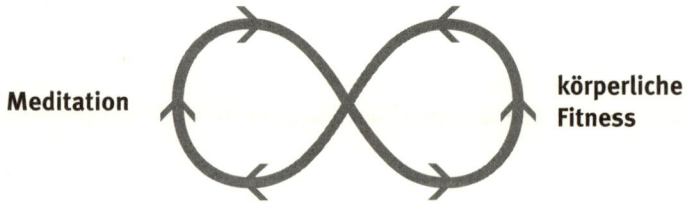 **körperliche Fitness**

Warum ist das so?

Das Gehirn erhält ununterbrochen Signale über den Zustand des Körpers und generiert daraufhin Emotionen. Besser gesagt eine Grundstimmung, denn neben der körperlichen Verfassung tragen auch psychologische Muster und äußere Reize dazu bei, wie wir uns fühlen. Die Signale aus dem Körper sind diffus, ebenso wie die daraus generierte

Grundstimmung. Sie zeigt sich beispielsweise als gute oder schlechte Laune, leichte Reizbarkeit oder Trägheit. Leider melden die einzelnen Organe keine konkreten Informationen. Mein untrainiertes Herz-Kreis-lauf-System signalisiert beispielsweise nicht: Herz-Kreislauf-System in schlechtem Zustand, bitte laufen gehen! Stattdessen fühle ich mich träge, motivationslos und müde. Wäre mein Körper fit, würde er andere Signale senden, wie beispielsweise: Herz pumpt prächtig und ist stark, es freut sich auf die nächste körperliche Anstrengung! Ich würde mich wach und antriebsstark fühlen. Es wundert mich nicht mehr, dass Sportler oft besser gelaunt, gesünder und beruflich erfolgreicher sind.

Mit einer positiven Grundstimmung fällt das Meditieren leichter. Der Verstand einer fitten Person ist weniger mit diffusen negativen Warnmeldungen aus dem Körper beschäftigt. Dadurch steigt die Konzentrationsfähigkeit. Ausdauersport ist eine perfekte Unterstützung für schnelle Erfolge beim Gehirntraining. Es muss nicht gleich ein Marathon sein, normale Ausdauer reicht.

Fragt sich, was normal ist. Ich will mich an den Strecken orientieren, die Menschen vor der Industrialisierung täglich zurücklegten. Strecken, die normal waren, als es keine Autos, Züge und Flugzeuge gab. Leider ist das nicht so leicht feststellbar. Einige Wissenschaftler schätzen, dass es pro Tag 12 bis 15 Kilometer waren. Das ist auch die Entfernung, welche die Hadza, eine traditionell in Tansania lebende Volksgruppe, heute noch gehend zurücklegen. Mir gefällt die Streckenlänge. Laufen ist natürlich anstrengender als Gehen, daher ziehe ich einige Kilometer ab und komme zu dem Ergebnis: Normal heißt für mich täglich fünf bis acht Kilometer laufen. Noch bin ich weit davon entfernt, diese Streckenlänge täglich zügig zurückzulegen. Doch ich nehme mir vor, dies in ungefähr einem Dreivierteljahr bewältigen zu können.

Der Körper profitiert vom Ausdauersport, der den gesamten Stoffwechsel fördert, woraufhin sich vermehrt neue Zellen, auch Gehirnzellen bilden. Zusätzlich entstehen neue Blutgefäße im Gehirn. Dadurch werden die Nervenzellen mit mehr Sauerstoff sowie Nährstoffen versorgt. Das unterstützt das Meditieren ebenfalls.

Selbst Mönche im Indien vor 3000 Jahren wussten, dass ein gesunder Körper das Meditieren erleichtert. Sie trieben zwar keinen Ausdauersport, aber ich denke, sie legten täglich etliche Kilometer zu Fuß zurück – auf den Wegen zu ihren Feldern, zu Märkten oder anderen Klöstern. Darüber hinaus praktizierten sie Yoga-Asanas. Das ist die Bezeichnung für die unterschiedlichen Körperstellungen im Yoga. Mit den Übungen trainierten die Mönche ihre Körper. Nicht um Stress abzubauen, Rückenschmerzen vorzubeugen oder jünger auszusehen, was heute häufig die Motivation derer ist, die Yoga treiben. Sondern ausschließlich, um besser meditieren zu können!

Innere Dialoge oder der innere Schweinehund

Heutzutage ist das Laufen nicht mehr selbstverständlich. Im Auto ist es gemütlich und trocken, zusätzlich hört sich die Musik dank exquisitem Soundsystem fantastisch an. Doch fahre ich jetzt nicht die Landstraße außerhalb der Stadt entlang, sondern laufe auf dem Asphaltweg daneben – wie an jedem Tag während der letzten zwei Wochen. Mittlerweile schaffe ich es ohne Gehpausen. Trotzdem ist es anstrengend. Es ist kalt. Ich könnte stattdessen im Auto sitzen. Ein gefährlicher Gedanke! Wenn ich ihm zu viel Beachtung schenke, werde ich sofort umdrehen und zum Parkplatz zurücklaufen. Ich will meine Gedanken von dieser Versuchung wegführen und konzentriere mich auf die Atmung. Das Laufen ist immer noch anstrengend. Soll ich vielleicht ein paar Schritte gehen? Bei dem Gedanken verlangsamt sich sofort mein Tempo.

Ein trainiertes Gehirn kontrolliert innere Dialoge.

Mein Vorsatz ist klar, ich will die Strecke langsam und ohne Pause laufen. Mein innerer Dialog sollte mich unterstützen und mich nicht zum Gehen überreden. Leider schleichen sich immer wieder Argumente für das sofortige Umkehren ein. Mein Vorsatz sagt: Lauf! Meine Trägheit sagt: Ich mag nicht laufen! Es ist zum Verrücktwerden. Ich muss das innere Hin und Her unterbinden. Daher konzentriere ich mich wieder auf meine Atmung: drei Schritte lang aus, zwei Schritte lang ein. Es gelingt mir für einige Meter, dann streiten sich die Stimmen in mir wieder.

Ich probiere etwas anderes: Ich summe stumm eine Melodie vor mich hin. Sobald der innere Dialog aufflammt, konzentriere ich mich komplett auf die Melodie. Sie hilft mir, meinen Atemrhythmus beizubehalten. Lautlos trotte ich weiter und wiederhole monoton die fünf bis sieben Takte im Kopf. Auch das ist Meditation, denn Meditation ist Konzentration. Ich konzentriere mich auf die Musik. Es funktioniert: Meine Atmung bleibt im Rhythmus, denn ich beschäftige mich größtenteils mit der Musik und nicht mehr mit der Frage, ob es im Auto angenehmer wäre. Einige Minuten lang merke ich gar nicht, dass ich laufe. Das fühlt sich leicht und frei an.

Und dann habe ich es geschafft. Auf den letzten 100 Metern lege ich sogar einen kleinen Sprint hin. In den nächsten Wochen gehe ich sechs Mal pro Woche 30 bis 40 Minuten langsam laufen. Ich erweitere meine Laufstrecke um eine Runde durch den Wald, die zunächst steil bergauf führt und dann wieder abfällt. Ich werde von Woche zu Woche fitter, bin insgesamt motivierter und besser gelaunt.

Visualisieren

Während meiner Läufe probiere ich weitere Meditationstechniken aus. An einem Tag ist es anstrengender als sonst. Ein Viertel der Strecke ist geschafft, aber meine Beine sind schwer. Damit ich durchhalte, laufe ich die restliche Strecke in Gedanken ab. Ich stelle mir vor, wie ich den steilsten Punkt des Weges bereits erreicht habe und auf dem Rückweg bin. Während des Gedankenexperiments merke ich nicht, wie ich kontinuierlich weiterlaufe. Die Anstrengung ist weg, meine Beine sind voller Kraft. Es fühlt sich so gut an, dass ich schließlich Angst bekomme, dieses Gefühl für die Leichtigkeit wieder zu verlieren. Leider bewirkt dieser kurze Gedanke der Angst dann wirklich das Gegenteil, und das leichte Gefühl ist wieder weg. Aufs Neue stelle ich mir vor, dass ich den nächsten Kilometer bereits geschafft habe. Das Laufen wird sofort leichter. Gegen Ende fällt es mir wieder schwer weiterzulaufen. Ich visualisiere, wie ich auf der Zielgeraden kraftvoll zum Endspurt ansetze. Und wieder stellt sich prompt eine Veränderung ein: Das Laufen ist etwas weniger anstrengend.

Profisportler konzentrieren sich in ähnlicher Weise auf ihren Sieg, auf den nächsten Streckenabschnitt oder Torschuss. Wayne Rooney, Rekordschütze der englischen Fußballnationalmannschaft, erzielte in 120 Länderspielen 53 Tore. Er war nicht der schnellste, technisch gewandteste oder intelligenteste Spieler. Da gab und gibt es bessere. Vielleicht lag es an seiner Gabe zu visualisieren, dass er der Star der Mannschaft sei. Vor jedem Spiel brachte er die Trikotfarben des Gegners in Erfahrung, von den Socken bis zur Bekleidung des Torwarts. Dann lag er im Bett und visualisierte das Spiel. Er stellte sich vor, wie er Tore schoss. In seiner Vorstellung fühlte er, wie sein Fuß den Ball traf, er roch das Gras, hörte die Menge jubeln. In seiner Fantasie war das Spiel nicht leicht zu gewinnen. Er stellte sich vor, wie es ihm ginge, wenn seine Mannschaft zurückläge, und welche innere Haltung er brauchte, um das Spiel zu drehen. Wayne Rooney hat sich seit seiner Kindheit in dieser Weise auf die Spiele vorbereitet. Er sagte einmal, er wisse nicht, ob man das visualisieren oder träumen nennt.

Viele erfolgreiche Sportler berichten von ähnlichen Vorbereitungen auf ihre Wettkämpfe. Auch der Boxer Muhammad Ali gewann seine Kämpfe bereits vor dem richtigen Fight. Er gewann sie in seiner Fantasie.[5]

Visualisieren ist ebenfalls eine Art Meditation. Man konzentriert sich auf Bilder, Gefühle, Geräusche und Ereignisse, die in der Zukunft stattfinden sollen. Diese Art der Meditation hilft nicht nur Profisportlern – jeder Laufanfänger kann sie nutzen. Ich wende sie nicht nur während des Laufs an, sondern am Abend zuvor, vor dem Einschlafen. Ich stelle mir vor, wie ich am nächsten Morgen als Erstes die Laufbekleidung anziehe, freudig ins Auto steige, zum Parkplatz der Laufstrecke fahre und dann locker laufe. Ich rieche die Morgenluft, fühle den kühlen Wind und laufe die Strecke in Gedanken ab. Mit dieser mentalen Vorbereitung finde ich es leichter, diszipliniert zu handeln.

Als hinderlich empfinde ich negative Vorstellungen, in denen ich mich aus dem Bett quäle und das Laufen anstrengend ist. Mit diesen Gedanken im Kopf sinkt die Wahrscheinlichkeit, dass ich laufen gehe.

Am Abend, bevor ich das erste Mal die Laufstrecke um die Runde durch den Wald erweiterte, lief ich sie in Gedanken ab. Ich visualisierte, wie ich langsam, aber stetig den Berg hochtrotte, empfand das Glück, oben angekommen zu sein, und stellte mir vor, wie es wäre, den Berg hinunterzulaufen. Als ich am nächsten Tag die Strecke zum ersten Mal wirklich lief, hatte ich keine Zweifel: Ich würde durchhalten, schließlich war ich die Strecke zuvor ja schon einmal erfolgreich gelaufen. Zwar nur in meinen Gedanken, doch die Gehirnzellen unterscheiden nicht eindeutig zwischen Vorstellung und Realität. Während des Visualisierens und während der richtigen Aktivität sind nämlich die gleichen Nervenzellen aktiv.[6]

Visualisieren hilft nicht nur im Sport, sondern auch im Job oder im Studium. Es ist die ideale Vorbereitung auf Präsentationen oder Besprechungen, sei es für ein berufliches Projekt, eine Konferenz oder für ein Uniseminar. In der Fantasie kann man kniffliges Nachfragen beantworten oder sich vorstellen, wie man auf eine unangenehme Situation reagiert. Größtenteils sollte man positive Gefühle visualisieren, nicht nur bei sich, sondern auch bei den Zuhörern oder Gesprächspartnern. Wichtig hierbei sind klare Bilder der gewünschten Ergebnisse. Visualisieren ist im Grunde ein mentales Aufwärmprogramm. Es trainiert das Gehirn.

Ein untrainiertes Gehirn lässt leichter Angst und Selbstzweifel aufkommen. In Gedanken läuft das Projekt bereits schief. Wer sich Probleme oder Streitigkeiten im Vorfeld ausmalt, erlebt sie auch eher.

Denkmuster umstrukturieren

Ich denke während meiner Läufe fortwährend, dass ich zu langsam bin. Stimmt das? Woran orientiere ich mich? Ich bin langsamer als ein trainierter Marathonläufer, keine Frage. Aber das ist nicht das richtige Maß. Ich vermute jedoch, dass ich schneller bin als andere – nach gerade einmal zwei Monaten des Trainings und mit immer noch einigen Extrakilos. Warum denke ich dann ständig, dass ich zu langsam bin? Blöderweise habe ich das Gefühl, dass ich tatsächlich langsamer laufe, wenn ich denke, dass ich zu langsam bin.

Gedanken und Emotionen liegen bestimmte Erregungsmuster im Gehirn zugrunde. Diese Muster entwickeln sich im Verlauf des Lebens. Etliche werden unbewusst von Eltern, Lehrern oder anderen Bezugspersonen übernommen. Mit jeder Wiederholung eines Gedankens oder einer emotionalen Reaktion auf eine Situation graben sich die Erregungsmuster tiefer ins Gehirn. Nach einigen Jahren sind sie so etabliert, dass sie im Hintergrund geradezu automatisch ablaufen. Aus evolutionsbiologischer Sicht ist das ein Gewinn, denn es ermöglicht dem Menschen, schnell zu handeln. Er muss nicht ständig nachdenken, welche Reaktion die richtige wäre, sondern kann größtenteils quasi automatisiert handeln.

Aus psychologischer Sicht ist es hinderlich, wenn sich negative Gedanken und negative emotionale Reaktionen ins Gehirn eingraben. Die meisten Menschen sammeln jede Menge unnützen Kram an: Selbstzweifel, innere Kritik, den Wunsch nach Anerkennung und vieles mehr. Dieser psychische Ballast produziert entsprechend negative Gefühle. Das alles läuft aber tief verborgen in uns ab und wird uns daher auch nicht richtig bewusst. Wir fühlen uns nur irgendwie unvollkommen, manchmal doof oder merkwürdig.

Wissenschaftler haben herausgefunden, dass sich solche Erregungsmuster aber auch verändern lassen. Und zwar durch bewusst anderes Denken. Wer nämlich seine Selbstwahrnehmung trainiert, der bringt Licht ins Dunkel, dem werden automatisch ablaufende Gedanken oder Reaktionsmuster bewusst. Weiterhin braucht man ein gesundes Maß an Disziplin. Disziplin beim Denken. Mit dieser Disziplin ist es möglich, einen Gedanken, der beispielsweise von Selbstzweifeln oder Ärger geprägt ist, zu unterbrechen und an etwas anderes zu denken. Nicht leicht! Aber durch Meditation trainiert man sowohl die Selbstwahrnehmung als auch die Disziplin beim Denken.

Wissenschaftler vom Massachusetts Institute of Technology (MIT), erklären, warum es so schwer ist, unbewusste und tief eingeprägte Muster zu verändern. Sie arbeiteten zwar mit Ratten und nicht mit Menschen. Untersucht wurden zudem Verhaltensmuster und keine Gedanken. Doch der Mechanismus des Umlernens ist ähnlich. Davon gehen die Forscher zumindest aus, schließlich haben Ratten wie Menschen ein Säugetiergehirn.

Die Wissenschaftler trainierten die Ratten, den richtigen Weg zum Futter zu finden. Es gab zwei Möglichkeiten. Während des Lernprozesses maßen sie die elektrische Aktivität im Gehirn. Dann mussten die Ratten umlernen. Das gelang den Tieren nur mit vielen Wiederholungen, doch sie schafften es. Im Gehirn zeigten sich daraufhin veränderte Erregungsmuster. Allerdings war das neu erlernte Verhalten nicht konstant. Wenn in der neuen Situation ein Ereignis eintrat, das die Ratten deutlich an die alte Situation erinnerte, verfielen sie in ihr altes Verhalten. Und im Gehirn zeigten sich die alten Erregungsmuster.[7]

Obwohl es schwer ist, Denken und Verhalten zu verändern, ist es möglich. Wissenschaftler raten dazu, zunächst die persönlichen Auslöser für negatives Denken herauszufinden. Welche Situationen führen beispielsweise zu Ärger, Minderwertigkeitsgefühlen oder dem Wunsch nach Anerkennung? Wenn wir uns der heiklen Momente bewusst sind, steigern wir im entsprechenden Augenblick die Selbstwahrnehmung. Und mit erhöhter Selbstwahrnehmung ist es möglich, Gedanken in eine andere Richtung zu lenken.

Sobald ich beim Laufen denke, ich sei zu langsam, konzentriere ich mich auf die Füße. Damit stoppe ich den hinderlichen Gedanken, und mein Tempo spielt keine Rolle mehr. Oder wenn ich mit kleinen Trippelschritten den Berg hochlaufe, stelle ich mir vor, ich sei ein Riese und erzwänge den Berg mit Riesenschritten. Sofort verlängert sich meine Schrittlänge, und es ist nicht mehr so anstrengend.

Sich seiner Gedanken völlig bewusst zu werden und sie zu verändern ist nicht einfach. Selbstdisziplin beim Denken ist dafür die Voraussetzung. Glücklicherweise lässt sie sich trainieren. Am besten fängst du mit leichten Aufgaben an und steigerst sie anschließend.

Selbstdisziplin

Die Selbstdisziplin von 92 Freiwilligen aus dem Bundesstaat New York wurde mit einem wissenschaftlich fundierten Test erfasst. Die Probanden der ersten Gruppe mussten auf Süßigkeiten verzichten, diese Aufgabe stuften die Wissenschaftler als schwierig ein. Die Teilnehmer der zweiten Gruppe mussten täglich ein Gerät zur Stärkung der Handmuskulatur so lange wie möglich gedrückt halten. Diese Aufgabe bewerteten die Wissenschaftler ebenfalls als schwierig, da die Hand schmerzt, wenn das Gerät lange gedrückt gehalten wird. Der Schmerz löst das Verlangen aus, den Handtrainer loszulassen. Mitglieder der dritten Gruppe mussten täglich für mehrere Minuten Mathematikaufgaben lösen. Eine Tätigkeit, die zwar für viele Menschen unangenehm ist, aber weder Schmerzen noch Verlangen nach Süßem auslöst. Sie wurde daher als weniger schwierig eingestuft. Die Teilnehmer der vierten Gruppe mussten bezüglich ihrer Selbstdisziplin Tagebuch führen. Diese Tätigkeit wurde ebenfalls als weniger schwierig eingestuft. Nach zwei Wochen überprüften die Wissenschaftler die Selbstdisziplin der Probanden aller Gruppen.

Versuchsteilnehmer aus den ersten beiden Gruppen, die entweder auf Süßes verzichteten oder das Handtraining absolvierten, steigerten ihre Selbstdisziplin. Teilnehmer der beiden anderen Gruppen nicht. Die Wissenschaftler wiesen damit nach, dass Selbstdisziplin trainierbar ist, was lange Zeit bezweifelt wurde. Darüber hinaus zeigten sie, wie kleine Aufgaben, die nur wenig Zeit in Anspruch nehmen, die Selbstdisziplin fördern. Aufgrund ihrer Ergebnisse gehen die Forscher davon aus, dass Selbstdisziplin besonders effektiv durch das Unterdrücken eines starken körperlichen Verlangens trainiert wird.[8] In dem nur zwei Wochen währenden Experiment steigerte sich die Selbstdisziplin bereits. Wer täglich trainiert, verbessert seine Disziplin bei Weitem mehr.

Wenn ich weiterlaufe, obwohl ich das Verlangen habe aufzuhören, trainiere ich Selbstdisziplin. Die hilft mir nicht nur beim Laufen, sondern langfristig zusätzlich dabei, meine Gedanken zu verändern. Genial! Doch mir ist auch bewusst, dass dies harte Arbeit erfordert, denn die Automatismen sitzen tief.

Hart, aber machbar! Jedes Mal, wenn ich negative Gedanken durch positive ersetze, bilden sich neue Vernetzungen im Gehirn. Jede Wiederholung stärkt die neue Vernetzung. Ich stelle mir die Nervenverknüpfungen wie Furchen vor, die sich jedes Mal vertiefen, wenn ich meinen neuen positiven Gedanken wiederhole. Irgendwann sind sie sogar tiefer als die Furchen, die meine alten, negativen Gedanken im Gehirn hinterlassen haben. Wenn es so weit ist, werde ich mich nicht mehr anstrengen müssen, die negativen Gedanken zu unterbinden. Denn ich werde gar keine mehr haben. Sie sind dann völlig ersetzt – durch neue, positive Automatismen.

Die Außenansicht

Mittlerweile laufe ich regelmäßig nicht nur an der Straße entlang, sondern zusätzlich den Bogen durch den Wald. Ich bin schneller geworden, ich finde: schnell genug. Einerseits bin ich fitter, andererseits lasse ich den Gedanken daran, dass ich nicht schnell genug bin, nicht mehr zu. Trotzdem ist es zwischendurch anstrengend. In diesen Momenten wende ich eine weitere Meditationstechnik an: Ich betrachte mich selbst von außen. Vor meinem inneren Auge sehe ich mich durch den Wald laufen. Ich sehe, wie die Füße abheben und wieder auf dem Boden aufkommen, wie sich die Beine bewegen und die Schultern schwingen, wie ich weit geradeaus schaue. Sobald ich mich von außen beobachte, ist es nicht mehr so anstrengend. Ich bin nicht mehr derjenige, der sich mühselig durch den Wald quält, sondern ich bin der Beobachter. Ich sehe, wie eine Person, die zufällig ich selbst bin, läuft. Das hört sich etwas konstruiert an, aber der Perspektivwechsel hat enorme Wirkungskraft. Nicht nur beim Laufen.

Diese Außenansicht oder Außenwahrnehmung ist Gegenstand vieler spiritueller Lehren. Sie wird auch als Zeugenbewusstsein bezeichnet. Wer sich quasi von außen beobachtet, registriert seine Gefühle mit etwas Abstand. Dadurch verringert sich deren Intensität. Das macht vieles leichter.

Aus der Wissenschaft:

Zeugenbewusstsein im Sport

Wissenschaftler sind der Frage nachgegangen, ob die Außenansicht sportliche Leistungsfähigkeit beeinflusst. Sie ließen Probanden ein Hanteltraining absolvieren. In einem Durchgang sollten sie sich auf die Hantel und die Bewegung des Gewichts konzentrieren, was der Außenansicht gleichkommt. Während eines anderen Durchgangs sollten sie ihre Aufmerksamkeit auf das Gefühl in ihrem Bizeps richten. Im Durchschnitt erbrachten die Versuchsteilnehmer bessere Leistungen, wenn sie sich auf die Hantel konzentrierten. Sie bewegten die Hantel schneller und erzielten mehr Wiederholungen pro Versuchszeitraum. Wenn die Probanden aufmerksam ihren Bizeps beobachteten, reduzierte sich ihre Leistungsfähigkeit.[9]

Konzentration auf die Umgebung

Das Laufen bietet mir immer weitere Meditationsmöglichkeiten. Als Nächstes wende ich eine Technik an, bei der ich mich auf die Umgebung konzentriere. Dabei nehme ich bewusst wahr, wie sich die Luft auf der Haut anfühlt, wie die Sonne mein Gesicht berührt oder der Wald riecht. Ich betrachte die Umgebung im Detail: Wie genau sehen Bäume und Büsche oder die Straße neben mir aus? Bewegt sich etwas? Welche Geräusche höre ich? Wie fühlt sich der Boden unter den Füßen an? Sobald ich merke, dass meine Gedanken abwandern, dass ich über den Tag nachdenke oder über unangenehme Aufgaben, darüber, was gestern passiert ist, oder wenn ich in Gedanken irgendwelche Banalitäten kommentiere, gebe ich mir einen Ruck und konzentriere mich wieder auf die Umgebung. Wie sehen die Bäume noch mal aus? Was höre und rieche ich? Meditation ist nichts anderes!

Wer sich beim Laufen auf die Umgebung konzentriert, macht etwas Ähnliches wie diejenigen, die auf Kissen sitzend meditieren. Die ihre Gedanken entweder auf das flackernde Kerzenlicht, auf ihren Atem oder ein Gebet richten. Sowohl beim Laufen wie auch bei der Meditation im Sitzen ist das Zurückholen der Gedanken das Wichtige. Wenn man merkt, dass man sich nicht mehr auf die Umgebung oder die Kerze konzentriert, hält man inne. Dann richtet man aufs Neue den Fokus entweder auf die Umgebung oder die Kerze. Durch diese Übung steigt die Konzentrationsfähigkeit. Für einige ist es leichter, mit dem Meditationstraining während des Laufens zu beginnen, da man sich bewegt und die Eindrücke wechseln. Andere ziehen das Meditationskissen vor, da sie sich weniger abgelenkt fühlen.

Scham ist reine Fantasie

Die Innenseiten meiner Oberschenkel reiben beim Laufen immer noch aneinander. Zwar sage ich mir mittlerweile, dass ich schnell genug bin, aber es gibt Momente, in denen ich daran zweifle. In denen ich mein tiefes Schnaufen höre und mich schäme. Das hatte ich befürchtet, daher suchte ich mir eine Strecke, auf der ich nur wenige Menschen treffe.

Leider funktioniert mein Trick nicht. Obwohl mich kein anderer Läufer sieht, schäme ich mich trotzdem. Ich stelle mir vor, was die Autofahrer, die auf der Straße an mir vorbeirasen, über mich denken. In meiner Fantasie machen sie sich über mich lustig, über meine dicken Beine und das langsame Lauftempo. Ich quäle mich nicht nur körperlich, sondern zusätzlich auch noch mental. Interessanterweise schäme ich mich nur während des Laufens. Wenn ich es geschafft habe und wieder am Auto stehe, bin ich stolz auf mich, dann ist für Scham kein

Platz mehr im Kopf. Das ist merkwürdig, denn meine Oberschenkel haben in den letzten 30 Minuten weder an Umfang verloren, noch sehe ich insgesamt sportlicher aus.

Warum schäme ich mich? Und vor allem: vor wem? Plötzlich wird es mir bewusst: Ich schäme mich vor mir selbst. Weil ich meinen Erwartungen nicht entspreche, weil ich meinen Körper und Geist in den letzten Jahren vernachlässigt habe. Ich lebe nicht so, wie ich denke, dass ein zielstrebiger Student und ambitionierter Unternehmensgründer leben sollte. Das tut weh. Weil mir das Eingeständnis vor mir selbst unangenehm ist, projiziere ich meine Gedanken und Gefühle auf andere, z. B. auf wildfremde Autofahrer.

Ich habe mein Leben bis jetzt so gut geführt, wie ich es konnte. Mein jetziger Zustand, samt Übergewicht und Unzufriedenheit, ist das Resultat. Hätte ich es besser gekonnt, hätte ich es gemacht. Davon bin ich überzeugt.

Bevor ich anfing zu laufen, habe ich mich nicht geschämt. Ich habe die Kilos und die Trägheit meist ignoriert. Jetzt sind sie mir völlig bewusst, und ich kämpfe gegen sie an. Warum soll ich mich daher schämen? Das hilft mir nicht weiter. Genauso wenig, wie mir mein inneres Geschimpfe nützt, wenn ich mir vorwerfe, dass ich es überhaupt so weit habe kommen lassen. Wichtig ist vor allem, wie ich jetzt handle – und darauf konzentriere ich mich! Egal, wie dick meine Oberschenkel sind, ich laufe zumindest. Ich merke, dass meine Scham ein reines Fantasiegebilde ist.

Die Gedanken fließen lassen

An manchen Tagen laufe ich mühelos. Meine Gedanken wandern umher, ich merke nicht, wie ich einen Fuß vor den anderen setze, wie ich den Anstieg überwinde und plötzlich schon auf dem Rückweg bin. Viele Läufer berichten von ähnlichen Zuständen. Wenn die Gedanken fließen, entspanne ich. In solchen Momenten kann es zu Aha-Erlebnissen oder zu Geistesblitzen kommen. Plötzlich ist eine Idee da. Momentan gehen

Wissenschaftler davon aus, dass Fragen sowie Informationen, die mit den Fragen in Zusammenhang stehen, im Gehirn gespeichert werden.

Während gewisser Tätigkeiten, die nur wenig Aufmerksamkeit benötigen, sortieren sich diese Fragen und Informationen neu – und zwar im Unterbewusstsein. Wir erleben das Sortieren nicht mit, sondern werden plötzlich von einem Geistesblitz überrascht.[10]

Aus der Wissenschaft:

Erkenntnisse unter der Dusche

In Australien beschäftigte sich eine Gruppe Psychologen mit der Frage, in welchen Momenten Menschen neue Ideen oder Erkenntnisse haben. Hierzu entwickelten sie einen Online-Fragebogen. 1114 Personen beantworteten ihn. 80 Prozent der Teilnehmer berichteten über spontan auftretende Erkenntnisse. Alle, die Aha-Momente erlebten, sollten diese auch definieren. Am häufigsten wurden sie als etwas beschrieben, das aus dem Unterbewusstsein hervortritt, sowie als Ergebnis einer nicht bewussten Auseinandersetzung mit einem Thema.

Die Teilnehmer berichteten, dass ihnen diese spontanen Erkenntnisse vor allem beim Duschen, nachts während des Autofahrens, in der Natur, während sportlicher Aktivitäten oder in ruhigen Momenten kamen.[11]

Ich stelle mir den Vorgang wie das Zusammensetzen eines Puzzles vor. Die in meinem Gehirn gespeicherten Informationen sind die unterschiedlichen Puzzleteile. Während ich laufe, probieren die Puzzleteile eigenständig aus, wie sie zusammenpassen könnten. Ich lasse die Gedanken fließen. Dann finden sich plötzlich zwei oder mehr Puzzleteile und verbinden sich in der richtigen Weise. Der Aha-Effekt ist da, die Lösung eines Problems gefunden oder eine neue Idee geboren. Meistens habe ich solche Erkenntnisse in Momenten, in denen ich nicht damit rechne. Doch sind diese Ideen das Resultat eines präzisen Vorgangs im Gehirn, der stattfindet, ohne dass ich es mitbekomme. Dieser Prozess braucht aber Zeiten, in denen Gedanken umherschweifen dürfen – wie beim Laufen, Spazierengehen oder Duschen.

Ich kenne einige Läufer, die von ähnlichen Erfahrungen berichten. Sie laufen, merken nicht, wie sie die letzten Kilometer zurückgelegt haben, und plötzlich ist eine Idee da. Im strengen Sinne ist das keine Meditation, da man sich nicht gezielt auf ein Objekt konzentriert. Es ist das Gegenteil, Unkonzentriertheit. Das Gehirn braucht beides: konzentrierte Meditationen und Zeiten, in denen Gedanken fließen dürfen.

Gehirntraining: Zwischendurch-Meditationen

Das Gedankentraining im ersten Kapitel hilft wahrzunehmen, was ist. Doch ist es ebenso möglich, Gedanken bewusst zu stoppen oder zu lenken. Auf Dauer wirst du durch diese Fähigkeit disziplinierter und erfolgreicher. Der Alltag steckt auch für das bewusste Lenken der Gedanken voller Trainingsmöglichkeiten.

5 *Den inneren Dialog anhalten*

So wird's gemacht: Sobald dich deine innere Stimme während des Laufens zum Gehen überreden will, konzentrierst du dich auf die Atmung und nimmst dir vor, mindestens weitere fünf, zehn oder fünfzehn Minuten weiterzulaufen.

Trainingsmöglichkeiten: während des Laufens oder anderen Ausdauersportarten.

Tipp: In gleicher Weise kannst du beim Erledigen deiner Arbeit oder anderer Tätigkeiten vorgehen. Sobald dich deine innere Stimme überzeugen möchte, eine Pause einzulegen oder sinnlos im Internet zu surfen, atmest du dreimal tief durch. Danach konzentrierst du dich wieder auf deine Tätigkeit und nimmst dir vor, diese für weitere fünf, zehn oder fünfzehn Minuten auszuführen. Erlaube dir keinen Gedanken an eine Pause.

Visualisieren

So wird's gemacht: Suche dir ein Ziel aus, das du erreichen möchtest. Stell dir den Weg zum Ziel vor. Integriere möglichst viele Details. Stell dir ebenso vor, wie sich dein Leben anfühlt, wenn du dein Ziel erreicht hast.

Trainingsmöglichkeiten: morgens und abends im Bett liegend, während des Laufens oder Spazierengehens, auf dem Weg zur Arbeit.

Tipp: Die inneren Bilder müssen so realistisch sein, dass du ihnen glaubst. Wenn du dir zu schnelle und zu große Veränderungen vorstellst, besteht die Gefahr, dass dein Unterbewusstsein von den Bildern nicht überzeugt ist. Dann zeigen die Visualisierungen keine positiven Effekte.

 ## Selbstdisziplin

So wird's gemacht: Nimm dir jeden Tag vor, einem Verlangen, das du verspürst, nicht nachzugeben. Beispielsweise läufst du länger und schneller, als du es als angenehm empfindest. Oder du wiederholst Kraftübungen so lange, bis es schmerzt. Du kannst dir auch ein anderes Verlangen aussuchen, das du unterdrücken möchtest.

Trainingsmöglichkeiten: Ideal sind die Situationen, die dich besonders viel Überwindung kosten.

Tipp: Selbstdisziplin ist keine Selbstzüchtigung! Es kommt darauf an, das richtige Maß zu finden. Zu viel schadet ebenso wie zu wenig. Beobachte, wie du emotional reagierst, wenn du deinem Verlangen nicht nachgibst. Denn langfristig solltest du dich dadurch freier fühlen und nicht gefangen.

Außenansicht

So wird's gemacht: Wenn dir das Laufen oder Ausführen von Kraftübungen zu anstrengend erscheint, betrachtest du dich währenddessen quasi von außen. Dabei beobachtest du deine Bewegungen, ohne zu werten, und mit möglichst hoher Konzentration.

Trainingsmöglichkeiten: während des Laufens, während Kraftübungen wie Sit-ups, Liegestütze oder Kniebeugen.

Tipp: Je mehr du dich darauf konzentrierst, dich von außen selbst zu beobachten, umso effektiver ist das Training. Sobald der Gedanke »Es ist anstrengend!« auftaucht, betrachtest du dich auf ein Neues von außen. Es ist egal, wie häufig du dich selbst dazu aufforderst, deine Gedanken auf die Außenansicht zu richten. Wichtig ist nur, dass du es tust, wenn es nötig wird.

9   *Sich auf die Umgebung konzentrieren*

So wird's gemacht: Während des Laufens oder Spazierengehens nimmst du mit voller Konzentration die Umgebung wahr.

Mit folgenden Fragen richtest du deine Konzentration auf die Umgebung:

- Was sehe ich?
- Wie riecht es?
- Welche Farben sehe ich?
- Was genau passiert um mich herum?

Trainingsmöglichkeiten: während Ausdauersportarten, auf dem Weg zur Arbeit oder während anderer Strecken, die du täglich zu Fuß zurücklegst.

Tipp: Nimm dir vor, diese Übung immer während der gleichen Aktivität durchzuführen. Beispielsweise während der ersten zehn Minuten deines Lauftrainings oder eines Spaziergangs. Wenn sich der Impuls, die Umgebung mit voller Konzentration zu beobachten, von alleine einstellt, verzeichne dies als einen Trainingserfolg.

Nahrung fürs Gehirn

Neujahrsvorsatz zweiter Teil: Ich werde abnehmen. Wie viele Millionen beginnen das Jahr mit diesem Ziel und scheitern? Ich habe einen Vorteil: Ich weiß, dass es auf die Kohlenhydrate (englisch: carbs) ankommt. Sie machen dick, nicht die Fette. Wer Kohlenhydrate radikal streicht, nimmt schnell ab. Wer auf sie ein Leben lang verzichtet, der bleibt schlank.

Gesunde Ernährung wirkt sich auf das Gehirn aus. Das erleichtert wiederum das Meditieren. Und das regelmäßige Meditieren erleichtert den Verzicht auf Kohlenhydrate. Ein Kreislauf, bei dem sich beide Seiten gegenseitig verstärken.

Meditation  **no Carb Nährstoffe**

Ich wähle die Radikalkur. Das liegt mir. Mich langsam an neue Essgewohnheiten zu gewöhnen fällt mir schwerer. Ich nehme mir vor, mich neun Tage lang ausschließlich von Proteinshakes zu ernähren. Es sollen neun Tage sein, da mir eine Woche zu kurz ist und zwei Wochen zu lang erscheinen. Neun Tage hingegen fühlen sich machbar an.

Am 2. Januar geht es los. Seit einigen Tagen habe ich mich geistig auf den Schritt vorbereitet. Ich habe meinem Körper mehrmals gesagt, dass er die nächsten knapp eineinhalb Wochen nur Shakes bekommen wird. In Gedanken habe ich sie bereits getrunken und nichts anderes dazu gegessen. Meine inneren Bilder sind eindeutig. Ich habe visualisiert, wie ich von Woche zu Woche an Gewicht verliere. In meiner Vorstellung war ich bereits shoppen und habe mich neu eingekleidet.

Außer den Shakes habe ich nichts Essbares zu Hause. Glücklicherweise muss ich nicht arbeiten oder zur Uni gehen, so kann ich mich geschickt von allen Verführungen fernhalten. Über den Tag verteilt trinke ich fünf Proteinshakes, die ich nur mit Wasser anrühre.

200 Gramm Proteine nehme ich pro Tag zu mir. Das sättigt, trotzdem habe ich Hunger und vor allem Appetit auf etwas Richtiges. So ein Shake ersetzt nun mal keine Mahlzeit, nach der man satt und befriedigt ist. Doch das Hungergefühl stört mich nicht. Es fühlt sich entspannend an, so als ob mein Körper mir die Rückmeldung gibt, dass er dankbar ist. Dankbar dafür, nicht mehr ständig mit Nudeln, Keksen und Chips vollgestopft zu werden.

Für den Darm ist die Radikalkur ungesund. Gesundheitsfördernde Darmbakterien brauchen Ballaststoffe, die sie durch die Shakes nicht bekommen. Ballaststoffe, die vor allem in Gemüse, Nüssen und Obst vorkommen. Die Shakes lassen die wertvollen Darmbakterien verhungern. Aber nicht alle werden sterben. Wenn ich die guten Bakterien nach der Proteinshake-Kur mit Ballaststoffen füttere, werden sie sich wieder vermehren. Vielleicht sogar mehr als zuvor, schließlich werde ich die Kohlenhydrate vor allem durch Gemüse ersetzen. Wichtig ist mir der radikale Schritt. Von einem Tag auf den anderen werde ich nicht mehr essen wie zuvor. Die Shakes haben einen weiteren Vorteil, sie enthalten die Aminosäure Carnitin, die die Fettverbrennung unterstützt. Die Darmbakterien erholen sich bestimmt wieder schnell nach der Radikalkur, insbesondere wenn ich sie dann mit viel Salat und Gemüse füttern werde.

Was das Gehirn mag und was nicht

Der Körper wird durch zu viele Kohlenhydrate dick oder krank, das Gehirn vernebelt, klares Denken fällt schwer. Im Englischen heißt das Phänomen Brain-Fog. Bei uns wird oft vom Gefühl, benebelt zu sein, gesprochen. Kohlenhydrate mag das Gehirn nicht.

Was es hingegen braucht, sind Nährstoffe: Proteine, Fettsäuren, Vitamine (vor allem die B-Vitamine) und Mineralstoffe (insbesondere Magnesium). Kohlenhydrate sind Gift. Das Märchen vom Gehirn, das die Glukose aus der Nahrung braucht, ist leider weitverbreitet – doch es ist eben ein Märchen. Ist keine Glukose vorhanden, nutzt das Gehirn Fettsäuren zur Energieherstellung. Und die minimale Menge, die es wirklich an Glukose benötigt, stellt der Körper selbst her – aus Aminosäuren. Das typische Essen von heute (mit Brot, Pasta und Pizza) enthält zu viele Kohlenhydrate. Das überlastet die Gehirnzellen. Einige sterben sogar durch eine Art Zuckervergiftung ab. Der Tod der Nervenzellen zieht kognitive Schwierigkeiten und Konzentrationsprobleme nach sich. Dann ist der Brain-Fog gegeben. Häufig zeigt er sich nicht nur durch das Gefühl, benebelt zu sein, sondern zusätzlich durch Müdigkeit, Vergesslichkeit, Antriebsschwäche und Stimmungsschwankungen.

Das Gehirn ist empfindlich, daher wurde es im Zuge der Evolution dick in Knochen verpackt. Zwischen den Gehirnzellen und den Blutbahnen wurde zudem eine spezielle Absperrung installiert, damit nur die Stoffe in die Gehirnzellen gelangen, die dort hingehören. Diese Barriere heißt Blut-Hirn-Schranke. Unser moderner Lebensstil greift diese Absperrung jedoch an. Stoffe, die normalerweise eben nicht ins Gehirn gelangen sollten, können sich nun ihren Weg durch die Blut-Hirn-Schranke bahnen und Nervenzellen schädigen. Das Gehirn leidet. Die Symptome sind vielen geläufig: Müdigkeit, leichte Reizbarkeit und Kopfschmerzen.

Zucker ist einer der Stoffe, der die Blut-Hirn-Schranke beschädigt, sie durchlässig macht für Moleküle, die nicht ins Gehirn gehören. Das Immunsystem reagiert und bekämpft die unerwünschten

Eindringlinge. Es entsteht eine chronische Entzündungsreaktion. Wissenschaftler gehen derzeit davon aus, dass dieser Prozess langfristig das Risiko für eine Demenz erhöht. Kurzfristig reduzieren die Entzündungsreaktionen die Konzentrationsfähigkeit. Zucker und andere Kohlenhydrate erschweren daher das Meditieren.

Heute isst der durchschnittliche Deutsche 15-mal so viel Zucker wie vor 300 Jahren. Im Jahr 1700 lag die jährliche Menge bei ca. zwei Kilogramm, heute sind es in Deutschland durchschnittlich 34 Kilogramm[12] und in den USA 67. Das hat körperliche Konsequenzen. Nach einer zucker- oder kohlenhydratreichen Mahlzeit schießt der Insulinspiegel nach oben und fällt wieder ab. Dieses Auf und Ab schadet ebenfalls dem Gehirn, die Gedächtnisleistung nimmt ab.[13]

Neben Kohlenhydraten ist Gluten problematisch. Viele Menschen leiden an Glutensensitivität, ohne es zu wissen. Gluten greift die Zellen der Darmwand an, sie entzündet sich und wird löchrig. In der Fachsprache heißt die Erkrankung Leaky Gut. Durch die winzigen Löcher gelangen Darmbakterien und Stoffe, die ausgeschieden werden sollen, aus dem Darm in die Blutbahn und anschließend in den Körper und ins Gehirn. Dort kommt es zu Entzündungsreaktionen. Als Symptome gelten Gedächtnisprobleme und geistige Trägheit.[14]

Neben Gluten gelten auch Sojaprodukte als problematisch. Nicht fermentiertes Soja hemmt ein Enzym im Gehirn, welches für das Lern- und Erinnerungsvermögen essenziell ist. Wissenschaftler fanden einen Zusammenhang zwischen hohem Konsum an unfermentierten Sojaprodukten und kognitiven Einschränkungen.[15] Das Problem tritt bei fermentiertem Tofu, wie z. B. Tempeh, nicht auf.

Wer auf Kohlenhydrate (vor allem auf Zucker), Gluten und unfermentiertes Soja verzichtet, schützt das Gehirn vor Schäden. Damit es optimal funktioniert, braucht es darüber hinaus alle essenziellen Mineralstoffe und Aminosäuren, Fettsäuren sowie Vitamine. Sowohl das Weglassen der schädlichen Stoffe als auch die ausreichende Versorgung mit allen essenziellen Nährstoffen wirkt sich positiv auf das Meditieren aus.

Abhängig von Zucker, Pasta und Brot

Viele Menschen, die von einem Tag auf den anderen komplett auf Kohlenhydrate verzichten, berichten von Entzugserscheinungen. Erstaunlicherweise habe ich nur hin und wieder Lust auf Pizza oder Nudeln. Vielleicht zeigen sich nur wenige Symptome, weil ich so motiviert bin.

Entzugserscheinungen entstehen, da Kohlenhydrate ähnlich wirken wie Drogen. Das Erregungsmuster der Gehirnzellen ist nach einer kohlenhydratreichen Mahlzeit vergleichbar mit dem bei einem Drogentrip. Die Erregung ist insgesamt nur etwas schwächer. Kokain führt beispielsweise zu Hochgefühlen, auf Koks wird man quasi zu Superman oder Superwoman. Probleme gibt es dann keine mehr, alles scheint machbar! In abgeschwächter Form tritt dieses Gefühl nach dem Verzehr einer Tafel Milchschokolade oder eines Stücks Torte auf. Das Leben ist dann nicht mehr so dramatisch. Nach Kokain oder Milchschokolade werden Teile des Gehirns, besonders der *Nucleus accumbens* (im unteren Vorderhirn), mit dem Neurotransmitter Dopamin überflutet. Durch Kokain natürlich heftiger als durch Schokolade. Die Dopaminflut treibt an und motiviert. Ein herrliches Gefühl! Das Gehirn sehnt sich dann nach mehr Dopamin und signalisiert uns: Mehr Schokolade! Oder mehr Drogen![16]

Zucker wirkt aber nicht nur auf den *Nucleus accumbens,* sondern aktiviert eine Signalkette, die auf Opioide reagiert. Opioide sind entweder körpereigene Moleküle, die Schmerzen lindern und die Stimmung steigern, oder zugeführte Drogen wie Opium. Die Reaktion fällt nach der Einnahme von Opium oder opiumähnlichen Substanzen natürlich heftiger aus als nach einem Stück Kuchen. Die Reaktionen an sich sind jedoch vergleichbar. Das Hirn liebt Opioide. Wenn der Körper nur wenige der Moleküle selbst herstellt und gleichzeitig erfährt, wie die Opioidkonzentration nach etwas Süßem steigt, verlangt er nach mehr. Das signalisiert er uns deutlich.

Die Gehirnzellen, die auf Dopamin oder Opioide reagieren, haben eine Eigenart, die uns zusätzlich zu schaffen macht. Je häufiger sie mit Dopamin oder Opioiden in Kontakt kommen, umso weniger

Rezeptoren zur Erkennung dieser Stoffe besitzen sie. Die Anzahl der Rezeptoren wird dann nämlich herunterreguliert. Das ist fatal, denn damit Entspannung, Motivation oder Schmerzlinderung eintritt, brauchen die Zellen schließlich immer mehr: mehr Kokain, mehr Opioide oder mehr Kohlenhydrate.

Heißhunger auf Nudeln, Pizza, Kartoffelchips oder Gelüste auf Süßes sind ein Indiz dafür, dass der *Nucleus accumbens* und die Zellen, die auf Opioide reagieren, ihr »Unwesen treiben«. Sie senden starke Signale aus, damit sie Nachschub erhalten. Nichts anderes passiert in den Gehirnen von Personen, die regelmäßig Drogen konsumieren.

Das Bedürfnis nach Kohlenhydraten verwechseln viele Menschen mit Hunger. Darum geht es aber nicht oder zumindest nicht ausschließlich. Bei echtem Hunger ist der Körper leicht schlapp, und der Magen ist etwas zusammengezogen. Wenn ich echten Hunger verspüre, habe ich Lust auf Fleisch, Gemüse und Salat. Das Bedürfnis nach Nudeln, Pizza oder etwas Süßem ist anders. Es wird als Lustgefühl oder heftiges Verlangen empfunden: Ich brauche Nudeln, sofort! Manchmal wird es auch von einem Stimmungstief begleitet. Echter Hunger und das Lechzen nach dem nächsten Kick durch Kohlenhydrate können sich zudem überlappen.[17]

Kein Wunder, dass die Sucht nach Kohlenhydraten weitverbreitet ist. Vielen ist ihre Abhängigkeit nicht bewusst. Da sie einerseits nicht wissen, dass Kohlenhydrate süchtig machen können, und andererseits die Sucht einen festen Platz in unserer Kultur hat: Wir werden zu Kaffee und Kuchen eingeladen, treffen uns in hippen Cafés, beim Dorffest ist Kartoffelsuppe mit Brot Standard, und in der Philharmonie werden aufwendig dekorierte Brothäppchen gereicht.

Kohlenhydrate und Drogen lassen die Konzentration von Neurotransmittern und Hormonen, die zu Stimmungsveränderungen führen, ansteigen. Ausdauersport und Meditation zeigen im Gehirn einen ähnlichen, aber gesunden Effekt. Freilich muss man sich etwas anstrengen, damit die Stimmung steigt: entweder durchs Laufen oder indem man sich für einen längeren Zeitraum hinsetzt und konzentriert meditiert. Das Gehirn reagiert sowohl auf Kohlenhydrate oder Drogen wie auf

Aus der Wissenschaft:

Endorphine und Dopamin durch Meditation

Australische Wissenschaftler untersuchten die Hormonspiegel von elf Eliteläufern und zwölf Personen, die hervorragend in Meditation ausgebildet waren. Sie interessierten sich insbesondere für das Beta-Endorphin, ein Glückshormon.

Zusätzlich erfragten sie die Stimmungsveränderungen ihrer Probanden. Die Hormonmessungen und Befragungen fanden vor und nach dem Laufen bzw. Meditieren statt. Die Teilnehmer beider Gruppen waren nach ihrer Aktivität fröhlicher als vorher. Und es zeigte sich zwischen den Gruppen auch kein Unterschied: Die Stimmung der Läufer verbesserte sich in ähnlichem Maße wie die Stimmung derjenigen, die meditierten. Zudem maßen die Wissenschaftler bei den Probanden nach deren Aktivitäten höhere Konzentrationen an Glückshormonen als vor dem Laufen bzw. Meditieren.[18]

In Dänemark entdeckten Forscher neuronale Veränderungen während des Praktizierens von Yoga Nidra, einer Meditation zur mentalen, emotionalen und körperlichen Entspannung. Sie wird meistens im Liegen durchgeführt und steigert die Konzentrationsfähigkeit. Die Wissenschaftler untersuchten die Probanden mittels Computertomografie und fertigten digitale Schnittbilder der Gehirne an. Während eines Durchgangs meditierten die Probanden, während eines anderen mussten sie sprechen.

Die Gehirnzellen setzten bei der Meditation 65 Prozent mehr Dopamin frei als beim Sprechen. Zusätzlich berichteten die Teilnehmer, dass sich während der Meditation ihr Verlangen, etwas zu tun, verringerte.[19]

Ausdauersport und Meditation mit Veränderungen der Neurotransmitter und Hormone. Daher ist es so wichtig, dass wir uns nicht das aussuchen, was uns kurzfristig einen Kick gibt und uns langfristig schadet.

Stattdessen müssen wir den Willen für Sport und Meditation aufbringen, wodurch wir auf gesunde Weise positive Gefühle entstehen lassen können – ein Leben lang.

Raus aus der Abhängigkeit

Wer von einem auf den nächsten Tag sämtliche Kohlenhydrate streicht, erleidet häufig Symptome, die einem kalten Entzug ähneln. Typisch sind Schwindel, Benommenheit, Erschöpfung, erkältungsähnliche Beschwerden, Kopfschmerzen, Schlafstörungen, Angst, Depression, Gereiztheit, Aggression und Zittern. Das Ausmaß und die Art der körperlichen und psychischen Entzugssymptome hängen von der Menge der zuvor verzehrten Kohlenhydrate ab. Zusätzlich reagiert jeder Mensch etwas anders. Oft halten die Entzugserscheinungen einige Tage bis zu einer Woche an, in Ausnahmefällen länger. Neben der körperlichen Entwöhnung kommt es auch zu einer psychischen – und die kann Monate bis Jahre dauern. In dieser Zeit haben Betroffene dann von Zeit zu Zeit sehr starke Gelüste auf Kohlenhydrate.

Aus der Wissenschaft:

Meditation im Entzug

Mediziner und Psychologen der University of Wisconsins, USA, untersuchten, in wieweit Meditation abstinentes Verhalten nach einem Alkoholentzug unterstützt. 19 erwachsene, alkoholabhängige Personen, die angaben, durchschnittlich vier alkoholische Getränke pro Tag zu konsumieren, nahmen hierzu an einem 16-wöchiges Meditationsprogramm teil. Sie wurden regelmäßig zu ihrem Konsum und Befinden befragt. Die Teilnehmer waren im Durchschnitt 31 Tage abstinent, bevor das Programm begann. Während der 16 Wochen meditieren sie zwischen 3,5 und 6 Stunden pro Woche. Die Hälfte der

Probanden blieb komplett abstinent, die andere Hälfte verzeichnete kurzweilige Rückfälle. Sie tranken zwischen einem halben Tag und 2 Tagen während der 16 Wochen. Die Menge der verzehrten alkoholhaltigen Getränke lag zwischen 2 und 9 für den gesamten Zeitraum.

Die Teilnehmer berichteten, dass während des Meditationskurses Depressionen, Angstzustände, Stress und das Verlangen nach Alkohol signifikant abnahmen. Gleichzeitig stieg ihre Fähigkeit, achtsam den gegenwärtigen Moment wahrzunehmen. Die Teilnehmer bewerteten den Kurs als wichtige Unterstützung, und der Großteil sah es sogar als wahrscheinlich an, nach Abschluss des Kurses weiter zu meditieren.

Die Wissenschaftler betrachten daher die Meditation als hilfreiches Mittel, um dem Rückfall nach einem Alkoholentzug vorzubeugen.[20]

In einem Gefängnis in Seattle, USA, erlernten 15 Suchtkranke die Technik der Vipassana-Meditation – einer Achtsamkeitsmeditation, die der buddhistischen Tradition entstammt. Die Versuchsteilnehmer hatten entweder zuvor erfolglos am üblichen Antidrogenprogramm partizipiert oder es verweigert. Stattdessen meditierten sie.

Vipassana-Kurse verlaufen sehr strikt. Der Tag beginnt um vier Uhr morgens, und auf dem Programm stehen täglich elf Stunden Meditation. Dabei konzentrieren sich die Teilnehmer auf ihren Atem und Körper, auf ihre Emotionen und Gedanken. Unter den Kursteilnehmern ist das Sprechen verboten, nur Fragen an die Meditationslehrer sind erlaubt.

Drei Monate nach dem Kurs konsumierten diejenigen, die meditiert hatten, signifikant weniger Alkohol, Marihuana und Kokain als die Teilnehmer des üblichen Antidrogenprogramms. Und das setzte sich auch noch nach der Entlassung aus dem Gefängnis so fort.[21]

Der Entzug von Kohlenhydraten fällt schwer. Das weiß auch die Pharmaindustrie. Daher kam es ihr gelegen, dass Mittel, die ursprünglich für den Drogenentzug entwickelt worden waren, auch beim Abnehmen helfen. Einige dieser Medikamente erhielten mittlerweile die Zulassung als Hilfe zum Abnehmen. Und es gibt Ärzte, die sie regelmäßig verschreiben. Medikamente verändern jedoch Stoffwechselabläufe im Körper, was in vielen Fällen Nebenwirkungen mit sich bringt. Meditation hingegen unterstützt das Abnehmen sowie den Drogenentzug, und zwar ohne negative Nebenwirkungen.

Ich bin nicht drogenabhängig, doch ich will einiges in meinem Leben ändern. Ich will abnehmen, mit dem Rauchen aufhören und die Nächte nicht mehr mit Computerspielen verbringen. Wenn Meditation beim Entzug hilft, wenn sie die Selbstdisziplin stärkt, dann wird sie mich bei den Veränderungen meines Lebensstils gewiss ebenso unterstützen.

Ich werde vor allem die Außenansicht weitertrainieren. Dabei beobachte ich mein Verhalten, meine Gedanken und meine Emotionen von außen. In einigen Situationen frage ich mich: Willst du das wirklich machen? Oder: Warum willst du das machen? Indem ich mir darauf Antworten gebe, erlange ich Klarheit. Je häufiger ich das praktiziere, desto leichter ist es.

So kann ich mein Verlangen nach Süßem recht emotionslos betrachten. Mein völlig unbeeindrucktes Bewusstsein beobachtet, wie ich mich nach einem Stück Kuchen sehne. Das passiert alles in meinem Kopf. Dort sind der Beobachter und die Emotionen.

Die Emotionen sagen Ja zum Kuchen, die Gedanken Nein. Und ich folge den Gedanken. Wer auf diese Weise sein Denken entwickelt, dem gelingen Verhaltensänderungen.

»No Carb« als Mantra

Ich bin nicht der Engagierteste in der Küche. Eine Ernährung mit Proteinshakes entspricht daher meiner Vorstellung von Aufwand und Nutzen. Aber es ist fad, immer nur die süßliche Pampe zu konsumieren. Wäre ein Shake mit Steakgeschmack besser? Es gruselt mich. Vier weitere Tage, dann wird es echten Salat mit echtem Steak geben.

Jeden Tag zeigt meine Waage um die 400 Gramm weniger an. Das motiviert mich! Theoretisch weiß ich, dass der Körper nicht anders kann, als Fett zu verbrennen, wenn ich ihm die Kohlenhydrate verweigere und ihn nur mit Proteinen und Fetten füttere. Ich weiß aber auch, dass der Körper am Anfang vor allem Wasser verliert.

»Keine Kohlenhydrate« ist mein Mantra. Ich sage es mir morgens, während ich den ersten Shake trinke. Jedes Mal, wenn ich Lust auf Süßes, auf Kartoffelchips oder anderes Junkfood bekomme, wiederhole ich mein Mantra: Keine Kohlenhydrate, keine Kohlenhydrate, keine Kohlenhydrate. Das macht es mir leichter, die Finger davon zu lassen. Wenn ich meine Freunde Pizza essen sehe oder in der Stadt Passanten beobachte, wie sie sich belegte Semmeln oder Muffins in den Mund stopfen, erschrecke ich. »Pures Gift«, denke ich. Der Gedanke schießt automatisch in mein Bewusstsein, ich habe keine Möglichkeit, ihn zu kontrollieren. Er ist etwas übertrieben, aber er hilft mir extrem.

Mein Vorsatz ist klar: neun Tage nur Proteinshakes, danach absolutes Low-Carb-Essen, bestehend aus Salat, Gemüse, Fleisch, Fisch und Eiern. Ich folge einer simplen Anweisung, die ich mir selbst gegeben habe. Das erhöht die Chance auf Erfolg.[22]

Vorsätze sind leicht gefasst, nur ihre Umsetzung ist die Herausforderung. Warum sind Verhaltensveränderungen so schwer? Das Gehirn liebt Gewohnheiten, sie sind dort fest verankert. Ernährungsgewohnheiten haben genauso wie das Zähneputzen ihren festen Platz im Netz aus Nervenzellen. Funktioniert fast so wie die Programmierung eines Computers. Die Hardware sind die Gehirnzellen und die Software die Gewohnheiten. Leider stammt das System aber aus der

Steinzeit, damals war es vorzüglich an die Bedürfnisse des täglichen Lebens angepasst. Die Steinzeitkinder lernten, welche Pflanzen, Wurzeln und Tiere genießbar sind. Als Erwachsene dachten sie nicht bei jeder Beere nach, ob sie ihnen bekommen wird. Wenn sie an einem Busch mit Beeren vorbeigingen, riefen sie unbewusst ihr Ernährungsprogramm ab und griffen zu. Solche gespeicherten Programme erhöhen die Effizienz des Gehirns.

Die Sache hat heute leider einen Haken: Wir lernen als Kinder die falschen Programme, dem Hirn wird sozusagen ungesunde Software installiert. Nicht vorsätzlich, unsere Eltern wissen es nicht besser. Sie programmieren uns auf Hörnchen, Reiswaffeln und Nudeln mit Tomatensoße. Seit einigen Jahren verfüttern Eltern ihren Kleinkindern zudem Fruchtpüree in Quetschbeuteln. Alles Kohlenhydrate! Ein auf diese Weise programmiertes Gehirn beachtet den Beerenstrauch im Wald nicht, weiß mit den knubbeligen, schwärzlichen Dingern nichts anzufangen. Geht man mit diesem Gehirn an einem Backshop vorbei, gibt es sofort das Kommando: Brezel kaufen!

Die Herausforderung besteht darin, sich quasi selbst ein Software-Update zu verabreichen. Das Einüben eines neuen Programms passiert nicht von alleine. Es braucht viele Wiederholungen des neuen Programms, bis es automatisch funktioniert.

Nach meiner Proteinshake-Kur ist mein Mantra noch wichtiger: Keine Kohlenhydrate. Beim Einkaufen drehe ich automatisch jedes Produkt um. Sind mehr als zwei Gramm Zucker pro 100 Gramm enthalten, lege ich es zurück. Genauso, wenn es mehr als fünf Gramm Kohlenhydrate pro 100 Gramm enthält. Nach einigen Wochen denke ich darüber nicht mehr nach. Automatisch drehe ich das Produkt um, betrachte die Werte für Kohlenhydrate und Zucker. Wenn sie zu hoch liegen, lege ich das Produkt zurück. Mein Mantra zeigt Wirkung.

Der Vorteil des langsamen Denkens

Daniel Kahneman spricht in seinem Bestseller »Schnelles Denken, langsames Denken« von zwei verschiedenen kognitiven Systemen. System eins arbeitet schnell, mühelos und ohne willentliche Steuerung. System zwei benötigt Konzentration. Es lenkt die Aufmerksamkeit gezielt auf eine Aufgabe und ist anstrengend. Zu System eins gehören angeborene Fähigkeiten, das Verstehen einfacher Sätze in der Muttersprache, oft wiederholtes Faktenwissen und automatisierte Reaktionen. System zwei springt ein, wenn kein Automatismus greift. Wenn wir beispielsweise jemandem in einer lauten Umgebung zuhören oder nicht alltägliches Faktenwissen abrufen, Lösungen für Probleme suchen oder unser Verhalten reflektieren. Die beiden Systeme sind veränderbar. System zwei ist z. B. fähig, System eins ein Software-Update zu verpassen. Dazu müssen wir den automatisch ablaufenden Programmen nach Möglichkeit Aufmerksamkeit schenken.[23] Das ist unbequem.

Der automatische Griff zum Brotkorb wird gestoppt durch die Überlegung, ob Brot zu einer Low-Carb-Ernährung passt. Mir schießt in so einem Moment mein Mantra in den Kopf: Keine Kohlenhydrate. In den ersten Wochen »kramte« ich das Mantra aktiv aus den Gehirnzellen. Es gehörte zum System zwei, das Aufmerksamkeit benötigt und anstrengend ist. Mittlerweile schießt es mir ungefragt ins Hirn, sobald ich Kohlenhydrate sehe. Der Automatismus ist charakteristisch für System eins. Leider passiert die Umprogrammierung nicht von heute auf morgen. Das Software-Update für Gewohnheiten braucht Tausende Wiederholungen im langsamen und anstrengenden Modus, bis es fehlerfrei funktioniert.

Ich erkenne das erfolgreiche Update daran, dass ich Brot nicht mehr als gesundes Lebensmittel bewerte. Ich verschwende keinen Gedanken daran, es essen zu wollen.

Unser Verstand wehrt sich fast förmlich gegen die durch System zwei entstandenen Ideen. Denn die automatisierten Handlungen vermitteln ja ein Gefühl von Sicherheit. Und so scheint es zunächst auch einmal riskant, Programme umzuschreiben, die als verlässlich gelten.

Zumal da Erfahrungswerte fehlen, ob die neuen Programme wirklich erfolgreich sind.

Ein klares Mantra wie »Keine Kohlenhydrate« macht die Umprogrammierung des Systems eins leichter als Wischiwaschi-Gedanken wie: Nur das halbe Brötchen! Oder: Auf die fünf Kartoffeln kommt es auch nicht an. Oder: Wenn ich heute ein Stück Kuchen esse, dann werde ich die nächsten sechs Tage auf alle Kohlenhydrate verzichten. Oder: Ich weiß zwar, dass ich nichts Süßes essen soll, aber mich sieht gerade niemand. Mit solchen Gedanken gelingt nie eine Umprogrammierung.

Entscheidungen, die normalerweise durch System eins getroffen wurden und nun System zwei übernimmt, sind anstrengend. Sie erfordern ein hohes Maß an Konzentration. Interessanterweise steigert sich unsere generelle Konzentrationsfähigkeit, je häufiger wir System zwei den Vorzug geben. Grundsätzlich gilt: Je mehr Programme wir erfolgreich verändert haben, umso leichter fällt die nächste Umstellung. Selbst wenn wir unwichtige Gewohnheiten ändern (wenn wir z. B. den Kaffee nicht mehr mit Milch, sondern schwarz trinken oder zuerst den rechten Schuh anstelle des linken zubinden), schult dies das Gehirn für weitere Verhaltensänderungen.

Meditation unterstützt System zwei, denn durch sie trainieren wir unsere Konzentration. Je öfter und länger wir aufmerksam den Atem verfolgen oder bewusst die Füße beim Laufen spüren, desto häufiger ist System zwei wirksam. Oder: System zwei ist Meditation in Aktion.

Gehirntraining: Konsequenz und längere Meditationen

Mit Meditation trainierst du, konsequent zu handeln. Du nimmst dir etwas vor und setzt es um. Der Verzicht auf Kohlenhydrate ist ein guter Start für dein Konsequenztraining. Natürlich kannst du es auch auf andere Lebensbereiche ausdehnen.

10 Hunger von Lust unterscheiden

So wird's gemacht: Beobachte deinen Körper und deine Gefühle genau. Hunger spürst du körperlich, insbesondere in der Bauchgegend. Lust auf Essen findet eher im Kopf statt. Treiben dich Emotionen an (wie Traurigkeit, das Gefühl von Stress oder Langeweile), etwas essen zu wollen? Oder ist es echter Hunger?

Trainingsmöglichkeiten: jedes Mal, wenn du das Gefühl hast, etwas essen zu wollen.

Tipp: Überlege, was du an dem Tag bislang gegessen hast. Berücksichtige insbesondere die sättigenden Proteine und Fette. Daraufhin wäge ab, ob dein Körper bereits hungrig sein könnte.

11 Jetzt oder später

So wird's gemacht: Bei jeder Frage bzw. Entscheidung (wie beispielsweise »Soll ich eine Pizza essen?«) verdeutliche dir, ob deine Handlung deinem langfristigen Ziel zugutekommt oder ob du nach einer momentanen Laune handelst.

Trainingsmöglichkeiten: bei allen das Essen betreffenden Entscheidungen.

Tipp: Stell dir deine Entscheidung bildlich vor. Was siehst du, wenn du z. B. auf die Pizza verzichtest? Was siehst du als kurzfristige Konsequenz und was als langfristige?

Wende diese Methode auch auf andere Lebensbereiche an – wie berufliche oder sportliche Ziele.

12 No-Carb-Mantra

So wird's gemacht: Jedes Mal, wenn du vor der Entscheidung stehst, Kohlenhydrate zu essen oder nicht, wiederholst du das Mantra »Keine Kohlenhydrate«.

Trainingsmöglichkeiten: vor und während des Essens und wenn du an Bäckereien, Restaurants oder Eisdielen vorbeigehst.

Tipp: Du kannst die Methode auf andere Bereiche ausdehnen, die du ebenfalls verändern möchtest, wie beispielsweise das Treiben von Sport oder konzentriertes Arbeiten. Hierzu denkst du dir ein passendes Mantra aus. Hilfreich sind Mantras, die ein klares Bild entstehen lassen. Du sprichst dein Mantra vor der Tätigkeit und wiederholst es währenddessen.

13 *Längere Sitzmeditationen*

So wird's gemacht: Meditiere für 10, 20 oder 30 Minuten am Stück. Setz dich hierzu aufrecht und gleichzeitig entspannt hin. Stell dir einen Zehn-Minuten-Timer, und wähle dir für jedes Intervall eine der bereits beschriebenen Trainingsmöglichkeiten aus. Beispielsweise konzentrierst du dich zunächst zehn Minuten auf deinen Atem, die nächsten zehn Minuten auf deine Gedanken, und in den letzten zehn Minuten visualisierst du deine Träume.

Trainingsmöglichkeiten: morgens oder abends zu Hause.

Tipp: Du kannst dir ein Meditationskissen besorgen und für dein Gehirntraining nutzen. Sitz aufrecht, im Schneidersitz, lass die Schultern hängen, neige das Kinn etwas zur Brust, und achte darauf, dass du entspannt sitzt. Wenn du auf einem Meditationskissen nicht entspannt sitzen kannst, zieh einen Stuhl vor. Der entspannte Sitz ist wichtig. Denn wenn du nicht einmal entspannt sitzt, kreist ein Teil deiner Gedanken um die körperlichen Verspannungen. Das erschwert das konzentrierte Meditieren.

Auszeit

Es ist Juni – seit einem halben Jahr ernähre ich mich ohne Kohlenhydrate und laufe. Ich habe fast 20 Kilogramm abgenommen. Mein Leben fühlt sich besser an, aber glücklich bin ich nicht. Ich verstehe nicht, warum. Leide ich an einem Syndrom grundloser Unzufriedenheit? Das passt nicht in mein Weltbild. In meiner Welt hat jedes Phänomen eine Ursache. Seit meiner Jugend fasziniert mich Physik. Daher denke ich wie ein Physiker, der herrschende Naturgesetze mit Ursache-Wirkung-Prinzipien erklärt. Es muss einen Grund für meine Unzufriedenheit geben. Das Übergewicht kann es nicht sein, das bin ich fast los.

Ich nehme mir eine Auszeit und fahre für drei Tage an den Gardasee. Im Gepäck ein dünnes Buch. Das Hotel liegt im Norden des Sees. Ich sitze auf der Terrasse an einem großen weißen Tisch – auf ihm ein Cappuccino sowie das Buch. Die Sonne scheint, es ist ungewohnt still. Ich schlage das Buch auf, fange an zu lesen und werde vom Inhalt absorbiert. Ich merke nicht mehr, wo ich bin und wie die Zeit vergeht. Satz für Satz sauge ich auf, fast wie in Trance.

Mit jeder Seite bemerke ich aber auch stärker, wie unzufrieden ich bin. Bislang habe ich mich selbst belogen. Mir war klar, dass ich irgendwie nicht glücklich bin. Aber das Ausmaß meiner Unzufriedenheit muss ich unbewusst ignoriert haben. Das Buch trifft mich wie ein Schlag. Hätte ich es einige Monate vorher gelesen, hätte ich es wahrscheinlich kopfschüttelnd zur Seite gelegt. Im April oder Mai war ich noch nicht so weit.

Jetzt, nach einem halben Jahr Meditieren, Laufen und gesunder Ernährung, ist mein Verstand ruhiger. Sodass ich verstehe was mir Björn Walker mit seinem Buch »Der 1zu1 Reiseführer - Das ultimative Abenteuer. Das Ende aller Probleme. Ein Weg ins Paradies.« sagen möchte.[24]

Mein Studium nervt mich mehr, als es mir bislang bewusst war, und mein Wunsch, Bamberg zu verlassen, ist groß. Ich gestehe mir ein, dass ich mich stärker um unser Start-up kümmern müsste, damit es erfolgreich wird, und dass mir dazu bislang die Motivation fehlte. Beim Lesen erlaube ich mir, meinen Frust, meine Wut und meine Ohnmacht zu fühlen. Das konnte ich vorher nicht. Vorher waren diese Emotionen quasi im Unterbewusstsein verräumt. Doch Meditation öffnet in kleinen Etappen die Tür zu den unterdrückten Gefühlen. Die Wirkung spüre ich nun deutlich. Ich sitze auf einer herrlichen Hotelterrasse im Sonnenschein und nehme zum ersten Mal deutlich wahr, dass ich mein Leben nicht mag.

Aus der Wissenschaft:

Opfersyndrom

Manfred Kets de Vries ist Professor für Leadership Development und Organizational Change an der INSEAD, einer der besten Business Schools der Welt. Die Zeitschriften *The Financial Times, Le Capital, Wirtschaftswoche* und *The Economist* zählen Kets de Vries zu den 50 einflussreichsten Vordenkern im Management.

Er widmet sich in einem Artikel dem Opfersyndrom und beschreibt es wie folgt: Menschen, die am Opfersyndrom leiden, beschweren sich häufig über die Probleme, die ihnen widerfahren. In ihrer Wahrnehmung haben sie wenig Kontrolle über die Ereignisse im Leben und fühlen sich daher für sie nicht verantwortlich. Wer sich als Opfer fühlt, denkt häufig negativ, schämt sich, verachtet sich und reagiert passiv. Das Syndrom kann entstehen, wenn Menschen mit sich unzufrieden sind oder sich ärgern, dass sie ihren eigenen Erwartungen nicht entsprechen. Wer an dem Syndrom leidet, ist sich dessen aber nicht bewusst. Die Opferhaltung hat mehrere Vorteile: Da sich Betroffene als Opfer ihrer Umstände fühlen, bleiben sie passiv und versuchen erst gar nicht, schwierige Situationen zu lösen. Weiterhin entlastet sie die Opferhaltung emotional. Denn wenn nicht sie für die Ereignisse in ihrem Leben verantwortlich sind, sondern die Umstände, dann liegt es auch nicht an ihnen, die Dinge ändern zu müssen.

Opfer zu sein ist in diesem Zusammenhang ein Gedanke und keine Tatsache. Und aus diesem Gedanken resultieren entsprechende Gefühle sowie die Selbsteinschätzung einer Person. Daher sollten Betroffene in einem ersten Schritt lernen, anders über sich zu denken. Anstatt sich zu schämen oder sich zu ärgern, sollten sie sich sagen, dass sie jederzeit so gut gehandelt haben, wie es ihnen möglich war. Wenn das gelingt, können sie im nächsten Schritt objektiver über die Ereignisse denken, die sich in ihrem Leben ergeben.

Wenn das Selbstwertgefühl wächst und es gelingt, gewisse Situationen anders zu bewerten, ist das Verlassen dieser gedanklichen Sackgasse machbar. Dann können Betroffene schließlich Verantwortung für ihr Handeln übernehmen.

Niemand kann im Leben alles kontrollieren! Immer wieder wird es zu Herausforderungen kommen, die kaum zu bewältigen sind. Wie man darauf jedoch reagiert, liegt bei jedem Einzelnen. Wenn Betroffene das akzeptieren, werden sie nicht mehr von den Lebensumständen beherrscht, sondern fühlen, dass sie etwas tun können und ihr Leben im Griff haben.

Wer Verantwortung für sein Handeln übernimmt, steigert zudem seinen Selbstrespekt. Denn das, was im Leben passiert, hängt nicht mehr von den Umständen oder anderen Menschen ab, sondern vom eigenen Tun. Verantwortung und Selbstrespekt lassen nicht nur das Opfersyndrom verschwinden, sondern machen auch glücklich. Jeder kann sich dahingehend ändern.[25]

Das Buch lässt mich nicht nur fühlen, es erklärt mir auch, warum es so weit gekommen ist: Ich denke, ich bin Opfer meiner Umstände. Drastischer formuliert: Ich habe eine Opfermentalität, leide am Opfersyndrom.

Meine Auszeit, die mir die Augen öffnet

Das Studium, der Wohnort, meine Freunde und die Firma sind nicht die eigentlichen Gründe für meine Unzufriedenheit. Das Buch lässt die Ausrede nicht zu. Ich allein bin der Grund. Alles, was ich erlebe, ist auf meinem Mist gewachsen. Jedes Missgeschick, jeden unschönen Moment habe ich selbst zu verantworten. Zwar vielleicht nicht bewusst, aber irgendwie trotzdem. Es ist nicht leicht, mir das einzugestehen, aber es ergibt Sinn. Ich habe mich in meinem Leben verrannt.

Bislang hatte ich mir unbewusst eine Welt konstruiert, die keine Veränderungen und keinen Ausweg zuließ. Dass ich mich in meinem Master-Studium nicht engagierte, lag nicht an mir, sondern an der Universität mit ihren starren Strukturen. Eine staatliche Universität kann mich nicht dabei unterstützen, mein Potenzial zu leben. Da ich die Universität nicht ändern kann, bin ich ihr ausgeliefert. Sie hindert mich aber daran, mich zu entfalten! An dieses gedankliche Konstrukt habe ich geglaubt. Bis jetzt. Doch das Buch lässt die Argumentation nicht zu. Es beschreibt, wie man Verantwortung abgibt, wenn man den Grund seines Übels in den äußeren Umständen sucht.

Hinsichtlich unserer Firma habe ich mich ähnlich verhalten. Es lag nicht an meiner Einsatzbereitschaft, dass wir bislang nur mittelmäßigen Erfolg hatten, sondern an der starken Konkurrenz, die ich nicht ändern konnte. Ich gab die Verantwortung ab, damit war ich unschuldig.

Selbst in meinem Privatleben war ich den Umständen hoffnungslos ausgeliefert. So konstruierte ich es mir zumindest zusammen. Bisher war ich mit meinen Beziehungen zu Frauen nicht glücklich. Doch konnte das natürlich nicht an mir liegen – schuld daran mussten wohl die Frauen sein. Ich redete mir ein, dass sie in meinem Alter alle oberflächlich sind. Somit lieferte ich mich unbewusst meinem Umfeld aus und machte mich zum Opfer.

Kein Wunder, dass ich mit diesen Konstrukten bisher nicht in der Lage war, Probleme effektiv zu lösen. Stattdessen fühlte ich mich den Ereignissen machtlos ausgeliefert. Gleichzeitig nutzte mir meine Opferhaltung. Weil ich nicht für die Umstände verantwortlich sein konnte, konnte ich ja auch nichts ändern. Ich gab mir unbewusst die Erlaubnis, nicht handeln zu müssen.

Ich bin verantwortlich

Mein Hobbyphysiker-Hirn springt an. An welches Weltbild will ich glauben? An eines, in dem es den freien Willen gibt, oder an eines ohne einen solchen?

Ich merke, wie mir durch die Opferhaltung der freie Wille abhandengekommen ist. Ich habe mich lange Zeit in meiner Unzufriedenheit eingerichtet und mir mitunter sogar eingeredet, dass ich glücklich bin.

In dem Buch steht, dass ich verantwortlich bin für das, was in meinem Leben passiert. Alles basiert auf meinen Einstellungen, auf meinem Handeln und ist durch meine Gedanken gewachsen. Ich erkenne nun auch sofort das Problem: Mein Leben ist zwar das Resultat meiner Einstellungen, meines Denkens und Handelns, aber mir sind viele dieser Einstellungen und Gedanken nicht richtig bewusst. Sie treiben sozusagen irgendwo im Unterbewusstsein ihr Unwesen. Bestimmen sie aber mein Leben, ist es kein Wunder, dass ich unzufrieden bin. Wenn mir mein jetziges Leben nicht gefällt, muss ich meine Einstellungen verändern, anders denken und handeln.

In dem Moment wird mir klar, dass es einen freien Willen geben muss – und auf meinem Gesicht macht sich ein Lächeln breit.

Ich bin kein Opfer mehr, sondern ich bin für das verantwortlich, was in meinem Leben passiert.

Ich liebe das Prinzip von Ursache und Wirkung, die gesamte Physik ist darauf aufgebaut. Fühle ich mich als Opfer, trage ich dadurch zu entsprechenden Ereignissen in meinem Leben bei. Übernehme ich Verantwortung für mich, verändere ich meinen Zustand und damit die Ursachen dessen, was mir widerfährt. Jeder Gedanke, wie reflektiert auch immer, und jede Handlung zeigen Wirkung. Daher muss ich meine Einstellungen, meine Gedanken und mein Handeln ändern, um mir ein glückliches Leben zu schaffen.

Ich fahre nach Hause. Ich will mein Leben umkrempeln. Einer meiner Freunde ist der Meinung, dass mir das Gehirn gewaschen wurde. Er glaubt mir nicht, dass ich nur ein Buch gelesen habe. In dem Moment ist es mir egal, was mein Freund denkt. Wichtiger ist mir, dass ich endlich entsprechend handle, damit sich mein Dasein nicht mehr wie »mein Mist«, sondern wie »mein glückliches Leben« anfühlt.

Aus der Wissenschaft:

Soldaten, die meditieren

Forscher haben Soldaten der US-Armee Achtsamkeitsmeditationen zur Vorbereitung auf ihren Einsatz im Irak beigebracht. Im ersten Moment mag das absurd erscheinen, da Meditation häufig mit Spiritualität und Frieden in Verbindung gebracht wird. Das Militär ist jedoch an allem interessiert, was wirkt. Egal, woher es kommt. Und was wiederum beim Militär funktioniert, hat häufig auch Bestand in der Wissenschaft.

Soldaten geraten während ihrer Einsätze oft in lebensbedrohliche Situationen. Wer da einen kühlen Kopf bewahrt, behält eher den Überblick. Wer hingegen mit Angst oder Verzweiflung reagiert, trifft häufiger ungünstige Entscheidungen. Kognitive Fähigkeiten nehmen ab, wenn die Emotionalität zunimmt.

Soldaten sollten daher möglichst wenig emotional, sondern vielmehr intelligent reagieren. Nicht zuletzt für ihren eigenen Schutz. Wissenschaftler hielten Meditation für eine Möglichkeit, die mentale Stärke der Soldaten zu trainieren. Insbesondere durch Achtsamkeitsmeditationen lernen Menschen, Emotionen bewusst zu regulieren und Ereignisse objektiver zu bewerten.

Insgesamt 48 Soldaten nahmen an der Studie teil. 31 von ihnen absolvierten klassische Achtsamkeitsübungen. Sie konzentrierten sich auf ihren Atem sowie den Körper und lernten, ihre Emotionen zu beobachten. Über zwei Monate hinweg nahmen sie an einem Meditationskurs teil, der zwei Stunden pro Woche dauerte. Zusätzlich hatten sie die Aufgabe, die Übungen täglich 30 Minuten lang alleine durchzuführen. 17 weitere Soldaten erhielten kein Meditationstraining. Allerdings beantworteten sie die gleichen Fragen hinsichtlich ihrer Emotionen sowie Reaktionen und absolvierten den gleichen Test zur Überprüfung kognitiver Fähigkeiten wie die 31 Soldaten aus der Meditationsgruppe.

Es zeigte sich, dass gewisse Soldaten, die meditiert hatten, optimistischer, besser gelaunt und weniger gestresst waren. Zusätzlich hatte sich ihre Fähigkeit verbessert, komplexe Probleme zu lösen.

Profitiert haben all jene Soldaten, die nicht nur an dem Kurs teilgenommen, sondern zusätzlich zu Hause meditiert hatten. Diejenigen, die zwar zum Kurs gegangen waren, aber ihre Hausaufgaben nicht gemacht hatten, zeigten keine positiven Veränderungen (vergleichbar den Soldaten, die überhaupt nicht meditiert hatten). Die Wissenschaftler schließen daraus, dass es nicht ausreicht, die Technik zu kennen. Sondern sie muss auch so häufig wie möglich bewusst praktiziert werden!

Das Forscherteam betrachtet Meditation nicht nur für Soldaten als förderlich, sondern für jedermann. Meditation ist eine effektive Methode zur Verbesserung der mentalen Stärke. Sie erhöht die Fähigkeit, auch in schwierigen Situationen noch rational entscheiden zu können. Bislang können die Wissenschaftler aber nur belegen, dass es funktioniert. Welche neuronalen Veränderungen zu dem Effekt führen, ist im Detail unklar.[26]

Während meiner Auszeit wurde mir klar, dass ich das Master-Studium in Wirtschaftsinformatik abbrechen werde und mir etwas anderes suchen muss. Nur wenige Tage nach der Rückreise werde ich bereits fündig! Ich entdecke einen Master-Studiengang für Kreatives Management. Der Name inspiriert mich. Ich lese mir die Beschreibung des Studiengangs durch. Es ist genau das, was ich mir insgeheim gewünscht habe. Nur glaubte ich bislang nicht daran, dass es so etwas gäbe. Ich kontaktiere die Hochschule, bewerbe mich und habe Glück: Ein Platz ist noch frei.

Zwei Monate später ziehe ich um. Bamberg zu verlassen fühlt sich wie eine Befreiung an.

Mit der Firma bin ich weiterhin unzufrieden. Durch meinen Umzug habe ich weniger direkten Kontakt mit dem Team. Das hat keine großen Auswirkungen, da wir ohnehin fast nur virtuell zusammenarbeiten. Die Firma ist eher eine Baustelle, die mich momentan nicht stört. In den letzten acht Monaten habe ich viel verändert, da werde ich für die Firma ebenfalls eine Lösung finden. Nur jetzt noch nicht. Immerhin fühle ich mich für den Erfolg oder Misserfolg unseres Unternehmens verantwortlich. Das ist ein Anfang!

Ich habe mit dem Laufen angefangen, abgenommen und ernähre mich gesund. Seitdem übernehme ich die Verantwortung für meinen Körper. Ich habe mir ein neues Studienfach gesucht und die Verantwortung für das übernommen, womit ich mich täglich geistig beschäftige. Ich bin zufriedener als zu Beginn des Jahres.

Noch fällt es mir leicht zu laufen, auf Kohlenhydrate zu verzichten und konzentriert weitere Baustellen in meinem Leben anzugehen. Es könnte sich jedoch nur um Anfangseuphorie handeln. Damit ich nachhaltig verantwortlich lebe, muss ich mentale Stärke trainieren – das ist mir klar. Meditation ist das Training meiner Wahl.

Ich meditiere mittlerweile nicht nur, indem ich mich zwischendurch auf meinen Atem, die Füße oder Gedanken konzentriere, mich »von außen« beobachte, innere Dialoge anhalte, meine nächsten Schritte visualisiere, mich in Selbstdisziplin und langsamem Denken übe sowie meine Mantras wiederhole. Sondern ich setze mich mittlerweile fast jeden Tag hin und meditiere zehn oder 20 Minuten am Stück. Während der Meditationen konzentriere ich mich auf ein Objekt, beispielsweise meinen Körper, meine Atmung oder ein inneres Bild. Sobald meine Gedanken abwandern, lenke ich sie wieder zurück zum Objekt. Das ist nicht einfach und macht keinen Spaß, aber ich merke, dass es mir hilft.

Kategorien überwinden

Mit dem Beginn des neuen Master-Studiums realisiere ich, wie sehr ich bislang in Kategorien gedacht habe: dumm und klug, gut und schlecht, richtig und falsch, lieb und böse … Kommilitonen, die nicht wie ich die Universität als erstarrt ansahen, waren dumm. Schublade auf, dummer Mensch rein, Schublade zu! Durch mein Denken baute ich eine Mauer auf, hinter der ich keine alternativen Meinungen zuließ. Die Universität samt Kommilitonen in eine Schublade zu stecken vereinfachte mein Leben. So setzte ich mich nicht mit den Nuancen auseinander, musste ich mir nicht eingestehen, dass die Universität auch positive Seiten hatte – und auch nicht, dass meine Haltung Teil meines Problems war.

Mit all diesen Kategorien sabotierte ich mich selbst. Denn in meinem Weltbild waren nicht nur andere Menschen dumm, sondern ich ebenso! Weil mir mein Leben bislang nicht hundertprozentig in der Form gelungen war, wie ich es mir vorstellte, zählte ich mich auch zu den Dummen. Aufgrund meiner strikten Kategorien war ich sogar komplett dumm, denn die unendlich vielen Abstufungen, die es zwischen klug und dumm gibt, blendete ich aus. Ich sah nicht, dass es Bereiche in meinem Leben gibt, in denen ich äußerst klug bin. Erst jetzt bemerke ich, wie sehr der Gedanke deprimiert, dass alles entweder dumm oder schlau ist.

Was passiert, wenn ich mich nicht mehr als dumm abstemple? Wenn ich wohlwollend sehe, wie ich in jeder Situation mein Bestes gebe? Zwar ist mein Bestes nicht immer das, was ich von mir als beste mögliche Leistung erwarte. Aber es ist doch immer das Beste, was mir im jeweiligen Moment möglich ist. Bei dem Gedanken verändert sich sofort meine Stimmung: Ich lächle.

Wenn ich nicht dumm bin, wie sieht es dann mit den anderen aus? Die sind folglich ebenfalls nicht dumm. Auch nicht durchwegs klug. Sie sind, wie sie sind: vielfältig. Wenn mich jemand bloßstellt, beleidigt oder auf andere Weise persönlich angreift, ist er nicht doof oder böse (Schublade auf, rein damit!), sondern hat Gründe für sein Verhalten. Die haben höchstwahrscheinlich nicht einmal direkt etwas mit mir zu tun. Ein radikal neuer Gedanke für mich!

Ich gehe einen Schritt weiter: Vor meinem großen Umdenken habe ich selbst Freunde beleidigt, verbal angegriffen. Ich habe ihnen erklärt, dass sie einen schlechten Einfluss auf mich haben. Doch ich habe sie nicht vorsätzlich attackiert, weil ich ein böser Mensch bin, sondern weil ich meine Gründe hatte. Ich war unzufrieden mit dem Leben und wusste nicht, woran genau es lag. Die Angriffe hatten nichts mit meinen Freunden direkt zu tun, sie waren lediglich mein Ventil. Auf sie projizierte ich meine Unzufriedenheit mit mir selbst. Damals war ich nicht so weit, den Grund in mir selbst zu erkennen, und brauchte Sündenböcke. Ein weiterer radikal neuer Gedanke für mich! Ich werde mich daher bei ihnen entschuldigen.

Wie viele Auseinandersetzungen basieren auf diesem Prinzip? Wir sehen die wahren Gründe für Streitigkeiten häufig nicht. Wir suchen nicht einmal nach ihnen. Stattdessen öffnen wir eine Schublade: Person rein, fertig. Doch die Probleme lösen sich dadurch nicht.

Grundsätzlich ist an Kategorien nichts verkehrt, das Gehirn ruft sie automatisch ab, damit wir schneller entscheiden können. Kinder erlernen als Erstes das Denken in Kategorien. Sie teilen die Welt in Gut und Böse, in Richtig und Falsch ein. Ihre Gehirne können noch für keine Abstufungen sorgen. Erst mit der Pubertät bilden sich weitere neuronale Vernetzungen im Gehirn, die das Denken in Nuancen erlauben.

Damit das Gehirn das Denken in Kategorien überwindet, braucht es Übung. Diskussionen über komplexe ethische Fragen helfen beispielsweise dabei, dass sich die Nervenzellen vielfältig verknüpfen und ein differenziertes Denken möglich wird. Weiterhin hilft es, Ereignisse aus verschiedenen Blickwinkeln zu betrachten und nicht sofort die Antwort zu erwarten: So ist es! Ebenso unterstützend ist die Erfahrung, dass verschiedene Anschauungen nebeneinander bestehen dürfen und können.

Leider sind die Medien, insbesondere Hollywoodfilme, meist durch einfache Kategorisierungen geprägt. Das Böse kämpft gegen das Gute. Das hat Folgen, denn das Gehirn speichert jede Erfahrung ab, egal ob vielschichtige Diskussionen über ethische Fragen oder Hollywoodabenteuer. Wenn es dann eine neue Situation bewertet, zieht es den abgespeicherten Erfahrungsschatz heran. Der Konsum vieler Hollywoodfilme ist daher ungeeignet, um aus dem Schwarz-Weiß-Denken herauszukommen – trotz aller Spezialeffekte und bunter Farben.

Nicht nur Kinder denken in simplen Kategorien. Viele Erwachsene, die überfordert oder gestresst sind, schalten ebenfalls zurück in den Schwarz-Weiß-Modus. Vermeintlich vereinfacht sich dadurch das zu lösende Problem. Allerdings nur vermeintlich.

Wer beispielsweise »Ausländer raus« ruft, denkt in Schwarz-Weiß-Kategorien. Wer in der Lage ist, Immigranten von Flüchtlingen zu unterscheiden, Fluchtursachen sowie die Verlustangst zu erkennen, an der viele Menschen leiden, die sich gegen Ausländer wenden, wer erkennt, dass jeder Flüchtling anders ist, dass einige Flüchtlinge humane Hilfe benötigen, andere jedoch nicht, der denkt so differenziert, wie es möglich ist.

Folgende Aspekte sind typisch für das Denken in Kategorien:

- Kategorie-Denker betrachten eine Situation einseitig.
- Kategorie-Denker ignorieren Beweise, die der eigenen Meinung widersprechen.
- Kategorie-Denker hinterfragen nicht die Quellen von Informationen.
- Kategorie-Denker führen heiße Diskussionen mit denen, die anderer Meinung sind.
- Kategorie-Denker favorisieren Lösungen, die zu ihren bestehenden Kategorien passen.

Das Denken in Kategorien bringt noch mehr Nachteile mit sich. Die Welt ist nämlich nicht schwarz oder weiß, sondern bunt und vielfältig: Wer in simplen Kategorien denkt, versteht die Welt, die Mitmenschen und sich selbst nicht richtig. Außerdem werden kreative Lösungen fast unmöglich, da neue Wege selten zu vorgefertigten Kategorien passen.

Das Denken in Kategorien wie Gut und Schlecht oder Richtig und Falsch kann das Risiko für eine Depression erhöhen, denn es lässt wenig Spielraum für alternative Sichtweisen. Aus Schlechtem wird niemals etwas Gutes, es kann sich nur verschlechtern. Was falsch ist, wird irreparabel; was beängstigend ist, wird fürchterlich.

Für diejenigen, die ausschließlich in Kategorien denken, ist Selbstreflexion äußerst schwierig. Niemand möchte zu denen gehören, die etwas schlecht machen. Doch wenn es keine Nuancen zwischen »gut« und »schlecht« gibt, wenn es kein »gut genug« gibt, dann ist es angenehmer, auf die Selbstreflexion zu verzichten, als sich selbst in der Schublade mit der Aufschrift »schlecht« wiederzufinden.[27]

Ich brauche Mut, um mein Schwarz-Weiß-Denken zu beenden, um die vielen Differenzierungsmöglichkeiten zuzulassen. Neben den nützlichen haben sich auch die problematischen Kategorien quasi als Autopiloten in meinem Verstand eingenistet. Damit diese nicht weiterhin ungewollt aktiv werden, muss ich mich konzentrieren und in jedem Moment aufmerksam sein.

Mit Meditation trainiere ich, das kategorische Denken zu beenden und nicht mehr alles sofort zu beurteilen.

In Achtsamkeitsmeditationen lernt man, aufkommende Gedanken und Gefühle nur zu beobachten, ohne sie zu bewerten. Wer seine Gedanken und Gefühle wertfrei beobachten kann, dem fällt es leichter, das Verhalten anderer ebenfalls nur zu beobachten und nicht zu bewerten sowie zu kategorisieren. Das führt zu mehr Verständnis untereinander.

Das wertfreie Beobachten kann auch bei anderen Meditationstechniken einen Beitrag leisten. Wenn du dich beispielsweise auf den Atem konzentrieren möchtest, jedoch ein Gedanke nach dem anderen deinen

Verstand »entert«, besteht der Lernschritt darin, selbst diese Meditation nicht als Fehlschlag abzustempeln. Denn du registrierst ja, was passiert, und solltest auch zu schätzen wissen, dass du zumindest immer wieder versuchst, dich auf deinen Atem zu konzentrieren.

Mittlerweile denke ich vermehrt in Ursache-Wirkung-Zusammenhängen und nicht mehr in Kategorien. Wenn ich mich beispielsweise in einer Meditation nicht konzentrieren kann, suche ich nach der Ursache und nehme die Wirkung gelassen hin. Vielleicht bin ich aufgewühlter als sonst oder müde. Wenn mir unter diesen Umständen das Meditieren schwerer fällt, ist das kein Wunder. Früher hätte ich die Meditation als schlecht abgestempelt. Doch hätte ich das nicht nur auf die Meditation bezogen, sondern gedacht: Weil die Meditation schlecht war, bin ich ebenfalls schlecht. Nach einigen Erfahrungen finde ich es nun wohltuender, in Ursache-Wirkung-Zusammenhängen zu denken als in Kategorien.

Ich stecke mich oder andere Menschen seltener in Schubladen. Unbewusst passiert es mir zwar hin und wieder noch, aber wenn ich es dann bemerke, öffne ich die Schublade und hole entweder den anderen oder mich wieder heraus. Ich konzentriere mich, nehme die Situation aufs Neue wahr und lasse die Bewertungen weg, soweit es mir möglich ist.

Seitdem ich meine Kategorien überwinde, höre ich in Gesprächen auch mehr zu, als dass ich selbst rede.

Ich möchte meine Gesprächspartner verstehen, will herausfinden, warum sie auf ihre spezielle Weise denken und handeln. Ich möchte ihre Ursache-Wirkung-Zusammenhänge ergründen. Oft teile ich ihre Sichtweisen nicht, aber ich lasse sie neben meinen stehen. Zuhören und begreifen wollen ist anstrengender als selbst reden. Aber es lohnt sich! Ich finde Gespräche auf diese Art verbindlicher. Früher habe ich häufig meine Meinung geäußert, die ich ohnedies in- und auswendig kannte. Ich habe unbewusst versucht, meine Gesprächspartner von meinem Schubladendenken zu überzeugen.

Inzwischen bleibe ich immer häufiger ruhig, egal, ob ich verbal angegriffen werde oder jemand eine Meinung vertritt, die meiner widerspricht. In solchen Momenten kommt mir häufig der Gedanke, dass mir Informationen fehlen, um die Meinungen oder das Verhalten des anderen komplett zu verstehen. Und da ich sie nicht komplett verstehe, darf ich sie auch nicht beurteilen. Wenn ich es schaffe, trotz allem aufmerksam zuzuhören, bin ich oftmals überrascht: Fast jeder hat etwas Wichtiges zu sagen. Diese Fähigkeit ist neu für mich – sie hat sich erst entwickelt, seitdem ich regelmäßig meditiere.

Ein trainiertes Gehirn regt sich nicht auf

Mein Gehirn ist in einem wesentlich besseren Trainingszustand als vor einem Dreivierteljahr, als ich noch nicht regelmäßig meditierte sowie lief, Kohlenhydrate aß und mein Leben nicht reflektierte. Das wird mir während einer Autofahrt bewusst.

Vor mir wechselt ein Fahrer die Spur, ohne zu blinken. Noch vor einem Jahr hätte mich diese Unfähigkeit und Rücksichtslosigkeit maßlos geärgert. Mein Blutdruck wäre gestiegen, meine Gedanken wären um den unbekannten Fahrer gekreist. Ich hätte mich von ihm persönlich angegriffen und nicht respektiert gefühlt. Ich hätte meine heftige emotionale Reaktion nicht einmal infrage gestellt, sondern gedacht, dass sie normal und vollkommen angebracht ist. Ja, dass es mir sogar guttut, wenn ich mich ärgere!

Heute sehe ich es anders. Zunächst erkenne ich, dass mein Ärger die Situation nicht ändert. Ich allein bin der Leidtragende meines Ärgers, ich habe den erhöhten Blutdruck und den Groll. Ich schade mir mit meinem Ärger, und gleichzeitig nutze ich damit nicht einmal jemand anderem.

Ein trainiertes Gehirn nimmt solche Situationen gelassen hin. Es registriert, dass der Fahrer die Fahrbahn wechselt, ohne zu blinken. Punkt.

Anstatt sich persönlich angegriffen zu fühlen, anstatt sich darüber aufzuregen, dass der andere Fahrer sich nicht an die Regeln hält, bleibt man mit einem trainierten Gehirn gelassen. Und man zieht mögliche Gründe für das Verhalten des Fahrers in Erwägung: Vielleicht kennt er sich nicht aus, vielleicht ist er gestresst, vielleicht ist der Blinker kaputt. Es gibt viele Möglichkeiten. Der Puls bleibt unten, der Cortisolspiegel ebenso. Das Leben mit einem trainierten Gehirn ist auf Dauer entspannter und bringt mehr Freude.

Manchmal gelingt es mir nicht, gelassen zu bleiben. Dann nehme ich meine emotionale Reaktion zumindest so an, wie sie ist. Würde ich sie als richtig oder falsch bewerten, würde ich nur wieder in alten Kategorien denken. In solchen Momenten kann ich zwar nicht weniger emotional sein, aber ich weiß zumindest, dass dies am momentanen Trainingszustand meines Gehirns liegt. Ich bin mir sicher, dass ich in einigen Jahren selbst in sehr herausfordernden Situationen ein gelassener Beobachter sein werde.

Gehirntraining: Dankbarkeit und Gelassenheit

Nicht nur Selbstdisziplin, sondern auch Dankbarkeit und Gelassenheit wollen trainiert sein. Es gibt Momente, in denen reagierst du am besten mit Selbstdisziplin, in anderen mit Dankbarkeit und Gelassenheit. Trainiere am besten alle Fähigkeiten!

14 *Dankbarkeit*

So wird's gemacht: Überlege dir an jedem Abend, für welche Dinge des vergangenen Tages du dankbar bist.

Trainingsmöglichkeiten: abends im Bett vor der Nachtruhe.

Tipp: Belasse es aber nicht nur bei der Benennung, sondern erlebe das, wofür du dankbar bist, in deinen Emotionen und Bildern der Erinnerung nach.

Du kannst das Training erweitern und genauso für unangenehme Dinge dankbar sein. Denn auch jede unerfreuliche Situation bietet die

Möglichkeit, dass du dich aufgrund der gemachten Erfahrung als Person positiv weiterentwickelst. Dankbarkeit erleichtert insgesamt die Entwicklung deiner Persönlichkeit.

15 Sich ärgerliche Situationen vorstellen und verändern

So wird's gemacht: Stell dir eine Situation vor, die dich geärgert hat. Überlege, welche Gedanken dir helfen, dich nicht mehr über diese Situation ärgern zu müssen.

Trainingsmöglichkeiten: nach ärgerlichen Ereignissen.

Tipp: Konzentriere dich auf alternative Gedanken, die dir helfen, die Situation anders zu bewerten. Sobald sich deine Gedanken damit beschäftigen, wie sich gewisse Personen anders verhalten müssten, damit du dich nicht ärgerst, komm zurück zu dir und dazu, was du ändern kannst. Denn du kannst nur dich ändern, nicht andere.

16 Andere Meinungen stehen lassen

So wird's gemacht: Beobachte dich, wenn du Gespräche führst, in denen andere Meinungen als deine vertreten werden. Wie groß ist dein Drang, deine Meinung kundzutun? Kannst du die Meinung des anderen einfach so stehen lassen?

Trainingsmöglichkeiten: während du Gespräche führst.

Tipp: Versuche zu verstehen, warum dein Gesprächspartner gerade diese Meinung hat.

Teile deine Meinung nur mit, wenn dich dein Gesprächspartner nach ihr fragt. Denn nur wer fragt, ist an alternativen Standpunkten interessiert.

Herr des Medien-konsums

Facebook und WhatsApp nerven mich schon lange. Als ich Facebook zum ersten Mal nutzte, waren mir die Prinzipien klar, nach denen die Webseite programmiert worden war. Mark Zuckerberg und seine Mitstreiter setzten darauf, dass es beim Nutzer zur Ausschüttung von Glückshormonen kommt, wenn Beiträge von anderen positive Bewertungen erhalten, wenn der Freundeskreis sichtbar wächst und Beiträge weitergeleitet werden. Beiträge, die Tausende Male geteilt und geliked werden, lassen den Ersteller in der Rangordnung des sozialen Netzwerks steigen. Likes oder Kommentare unter einem Beitrag sind mehr als nur Icons und Wörter. Sie sagen aus, wie angesagt jemand in seinem Freundeskreis ist oder eben nicht. Jedes Like vermittelt das Gefühl von Erfolg. Ein wohltuendes Gefühl, nach dem viele Nutzer unbewusst süchtig sind.

Obwohl ich die Algorithmen, nach denen Facebook arbeitet, verstehe, bin ich gefangen. Zwar nutze ich die Plattform weniger intensiv als meine Freunde, aber mir ist es trotzdem wichtig, möglichst viele Likes für meine wenigen Beiträge zu bekommen. Zusätzlich sehne ich mich nach anerkennenden Kommentaren. Manchmal like ich Beiträge meiner Facebook-Freunde – nicht in erster Linie, weil ich sie wirklich gut oder interessant finde, sondern weil ich insgeheim hoffe, von ihnen ebenfalls mehr geliked zu werden. Es fällt schwer, mir das selbst einzugestehen, aber es ist so.

Facebook macht mich abhängig. Gleichzeitig befriedigt es meine Neugier. Ich bekomme Einblicke in das Leben ehemaliger Kommilitonen, mit denen ich sonst keinen Kontakt mehr habe. In Echtzeit sehe ich, was meine Freunde treiben, weiß, ob sie im Skiurlaub sind oder am Strand liegen, ob sie sich mit Fallschirmen aus Flugzeugen stürzen oder am Abend mit anderen feiern. Das Leben meiner Freunde sieht oft sorglos und glücklich aus. Sofort denke ich: Die haben es besser! Ich bin deprimiert und neidisch auf das, was sie erleben. Weil ich mithalten will, stelle ich ebenso Bilder von meinen Reisen, von meinem vermeintlich tollen Leben ins soziale Netzwerk.

Neben meiner privaten Facebook-Seite betreue ich auch die unseres Start-ups, auf der wir uns als cooles und erfolgreiches Unternehmen präsentieren. Es nervt mich.

Damit bin ich nicht allein. Ein britisches Datingportal befragte Paare zu ihrem Beziehungsleben und dazu, wie sie es in sozialen Medien darstellen. Ein Viertel der Befragten gab an: Online sieht es besser aus als in der Realität. Doch damit nicht genug. Ein Drittel der Befragten war neidisch auf das, was andere Paare berichten, und hatte das Gefühl, die eigene Beziehung müsse besser werden. Dabei realisierten sie natürlich nicht, dass viele Paare nur ihre glücklichen Momente zur Schau stellen, aber nicht ihre Streitigkeiten. Fast 60 Prozent der Teilnehmer an der Umfrage sahen sich aufgrund der sozialen Medien mit unrealistischen Erwartungen an ihre Beziehung konfrontiert.[28]

Dazu kommen die WhatsApp-Nachrichten. Den Programmierern dieser App würde ich am liebsten ihre Idee mit den Häkchen verbieten. An der Farbe ist erkennbar, ob der Empfänger die Nachricht gelesen hat oder nicht. Mich machen die Häkchen wahnsinnig. Wenn ich eine Nachricht erhalte, denke ich, dass ich sofort darauf antworten muss. Schließlich sieht der Absender ja, ob ich sie gelesen habe. Ich bin im Zugzwang, zumindest empfinde ich so. Wenn ich hingegen eine Nachricht verschicke und sehe, dass der Empfänger sie gelesen hat, aber nicht antwortet, frage ich mich, ob er mich absichtlich ignoriert. WhatsApp nervt mich ebenso wie Facebook.

Zusätzlich betreue ich das Forum unseres Start-ups. Wir bieten das

Hosting für ein Spiel an. Im Forum tauschen sich die Spieler aus. Wir haben 25 000 Mitglieder, pro Tag tauchen 50 bis 100 neue Postings auf, die ich alle lese. Einige muss ich löschen, da sie gegen die Regeln des Forums verstoßen. Weil uns Transparenz wichtig ist, begründe ich meine Entscheidungen. Weiterhin schreibe ich selbst Beiträge, schlichte Streit und organisiere Online-Events. Das ist viel Arbeit, und die Art der Kommunikation fühlt sich genauso reduziert an wie auf Facebook und mit WhatsApp.

Ich leide an Reizüberflutung. Ich will das alles nicht mehr. Ich will mich auf meinen gesunden Lebensstil, mein neues Studium und das Meditieren konzentrieren. Daher schließe ich meinen Facebook-Account und lösche WhatsApp. Zum Entsetzen meiner Freunde. Sie wissen nicht, wie sie nun mit mir kommunizieren sollen. Als ob es Textnachrichten, E-Mails und Telefonanrufe oder gar das persönliche Gespräch nicht mehr gibt.

Facebook und WhatsApp sind nicht die Übeltäter, sondern ich kann momentan nicht sinnvoll mit ihnen umgehen. Ich weiß, ein trainierter Verstand würde anders reagieren. Der macht sich nichts aus den Häkchen unter den Nachrichten, sondern antwortet, wenn es passt. Mit einem trainierten Gehirn lässt man sich nicht von den geschönten Bildern auf Facebook irritieren. Man sieht die Fotos der glücklichen Momente, kann sich mit denen, die sie auf Facebook einstellen, freuen, vergisst aber die Realität nicht. Der Verstand weiß ja, dass jeder Mensch Probleme und Herausforderungen zu meistern hat.

So weit bin ich noch nicht. Daher ist für mich das Löschen meiner Accounts der passende Weg. Da ich heute weniger Anerkennung von anderen brauche, vermisse ich Facebook nicht. Ohne die ständigen Bestätigungen durch Freunde bin ich sogar zufriedener. Was wissen andere schon wirklich über mich? Soll ich Energie darauf verschwenden mich gut zu präsentieren? Dazu ist mir meine Zeit zu schade. Lieber gebe ich mir selbst die Wertschätzung, die ich erfahren möchte. Das verschafft mir mehr Freiheit. Zusätzlich merke ich, wie mein Leben reicher wird, wenn ich die richtigen Dinge weglasse. Reichtum durch Reduktion – eine interessante Erfahrung.

Sind Shampooflaschen interessant?

Warum greife ich zur Shampooflasche und lese mir Anwendung sowie Inhaltsstoffe durch, wenn ich auf dem Klo sitze? Warum ist der Berg an Zeitschriften neben der Toilette fast schon Standard, und warum nehmen meine Freunde ihre Smartphones mit, wenn sie mal müssen?

Weil wir davon abhängig sind, neue Informationen zu erhalten! Unser Gehirn verlangt ununterbrochen nach Input. Bevor es keine neuen Informationen aufsaugen kann, lässt es uns sogar zur Shampooflasche greifen. Wenn wir nicht auf der Toilette sind, sondern in der U-Bahn, lässt es uns E-Mails oder Online-Nachrichten lesen. Wenn wir uns mit Freunden treffen und es langweilig wird, lässt es uns Facebook, Instagram und Co. konsultieren.

»Das Gehirn ist süchtig nach Informationen«, sagt Randolf Menzel, Professor für Neurobiologie an der Freien Universität Berlin.[29] Diese Sucht ist ein evolutionsbiologischer Vorteil. Wer viel weiß, hat bessere Überlebenschancen. Jedoch lebte der Mensch früher größtenteils in einer Umwelt, in der es nur selten neue Informationen gab. Wissen musste man ja auch nur, dass z. B. unbekannte Herden durch das Jagdgebiet zogen, sich Ungewöhnliches im Clan ereignete oder benachbarte Stämme angriffen.

Selbst das Mittelalter war noch arm an neuen Informationen. Viele Menschen wussten damals weder, in welchem Jahr sie lebten, noch die Uhrzeit.[30] Erst mit der Erfindung des abendländischen Buchdrucks um 1450 waren mehr Informationen zugänglich. Auch normale Bürger lernten dann lesen und schreiben. Zuvor beherrschten meist nur Adel und Klerus diese Fähigkeiten. 1920 konnte in Deutschland und Großbritannien fast die gesamte Bevölkerung lesen und schreiben. Der Mensch hat in den letzten knapp 600 Jahren seine Fähigkeit, Informationen zu verbreiten, aufzunehmen und zu verarbeiten, revolutioniert.

Und dennoch: Die Massen an Informationen, die heute jederzeit zugänglich sind, und unsere Fähigkeit, sie zu verstehen, passen nicht mehr zu der natürlichen Funktionsweise des Gehirns. Heute bräuchten wir Gehirne, die äußerst selektiv arbeiten. Da sie aber weiterhin alles aufsaugen, ist das Phänomen der Internet- und Onlinesucht nicht überraschend.

An der Informationsflut per se ist nichts verkehrt. Sie erschließt uns Möglichkeiten, die es in dieser Art zuvor nicht annähernd gab. Doch müssen wir unsere Gehirne auch trainieren, damit sie sinnvoll mit der Flut umgehen. Ein trainiertes Gehirn begrenzt bewusst die Aufnahme neuer Informationen. Dann entfällt beispielsweise auch der Impuls, die Shampooflasche studieren zu müssen.

Langeweile trainieren

Ich hasse Langeweile. Sie überfällt mich z. B., wenn ich nichts Sinnvolles zu tun habe oder eine Aufgabe vor mir herschiebe. Wenn ich mich langweile, interessiert mich die Welt nicht – sie erscheint mir weit weg und fremd. Ich fühle mich rastlos und wünschte, ich würde etwas anderes tun. Nur was? Es fällt mir schwer, mich zu konzentrieren, stattdessen wandern meine Gedanken umher, so als ob sie nach neuen Zielen suchen. Mein größter Wunsch ist es dann, der Langeweile zu entkommen.

Mein Leben in Bamberg war am Ende immens langweilig. Ich lebte in meinem täglichen Trott, ich hatte kein klares Ziel. Ich glaube, die Langeweile war einer der Faktoren, der mir half, mein Leben umzukrempeln.

Mittlerweile bin ich der Langeweile dankbar. Ich nehme sie als Wegweiser. Manchmal erscheinen mir jedoch berufliche oder andere Ziele zweitrangig. Dann meditiere ich. Ich konzentriere mich auf meine Umgebung oder visualisiere, wie ich zu immer größerer innerer Ruhe finde. In diesen Situationen ist die Langeweile als Aufruf zum nächsten Gehirntraining zu verstehen. Es fällt mir aber nicht immer leicht zu meditieren, und bisweilen muss ich mich zur Konzentration regelrecht zwingen. Aber es wirkt, die Langeweile verschwindet.

Positive Effekte der Langeweile

Lange Zeit sah die Wissenschaft Langeweile als negative Emotion ohne großen Nutzen an. Das hat sich in den letzten Jahren geändert. Da fast alle Menschen jeder Kultur Episoden der Langeweile erleben, wollten Wissenschaftler wissen, ob sie für den Menschen wichtig sind. Zwei Forscher aus Texas führten eine Literaturstudie über die positiven Effekte der Langeweile durch und kamen zu dem Ergebnis, dass Langeweile ein wichtiger Impulsgeber ist, um neue Ziele anzustreben.

Langeweile tritt auf, wenn für eine Tätigkeit nicht die volle Aufmerksamkeit benötigt wird. Menschen, die sich langweilen, werden unruhig und suchen automatisch nach alternativen Beschäftigungen. Laut der Wissenschaftler ist das ein wertvoller Moment. Denn in diesem Augenblick wird nach alternativen Beschäftigungsmöglichkeiten im direkten Umfeld gesucht. Aus dem Drang heraus, das unangenehme Gefühl der Langeweile zu beenden, entstehen auch Gespräche zwischen Fremden, die sich ohne Langeweile ignoriert hätten. Wer sich langweilt, ist offener für neue Ideen oder dafür, sich mit Dingen zu beschäftigen, die ihn ohne Langeweile nicht interessiert hätten. Langeweile kann schließlich aufgrund neuer Ziele oder Anreize beendet werden.[31]

Andreas Elpidorou, Professor für Psychologie an der Universität Louisville, Kentucky, USA, untersucht Langeweile. Er vertritt die Meinung, dass Langeweile eine regulatorische Funktion hat und Menschen dazu befähigt, im Einklang mit den eigenen Zielen zu leben. Er betrachtet Langeweile als ein Warnsignal. Man ist durch sie aufgefordert, sich zu fragen, ob die gegenwärtige Aktivität zielführend und sinnvoll ist. Wenn es keine Langeweile gäbe, wäre die Gefahr größer, in widrigen Situationen zu verweilen – so der Professor. Langeweile ist also nicht nur ein Warnsignal, sondern gibt auch den Anstoß für neue Ziele und Projekte.

Andreas Elpidorou bezeichnet zudem die Langeweile als wichtige Information: Sie klärt den Gelangweilten darüber auf, was ihn nicht interessiert, ihn nicht stimuliert, nicht herausfordert oder erfüllt. Sie zeigt, was der Betroffene nicht will. Daraus kann er dann ableiten, was er will – meistens ist es das Gegenteil. Und er kann erkennen, was zu ändern ist.[32]

Der Wert eines schönen Ortes

Entspannung ist für mich so etwas wie positive Langeweile. Dann genieße ich es, wenn meine Gedanken umherwandern oder ich konzentriert im Garten Vögel, Eichhörnchen und Bäume beobachte.

Ich suche mir bewusst schöne Orte in meinem Wohnumfeld, an der Hochschule und in der Stadt. Dorthin gehe ich, wenn ich mich von Computer, Smartphone und Gesprächen fernhalten möchte. Ein schöner Ort kann sich in der Wohnung selbst oder am Arbeitsplatz befinden. Selbst eine Feuertreppe mit Aussicht oder eine Ecke im Pausenraum kann ein schöner Ort sein.

Für mich sind die Orte besonders schön, von denen aus ich die Natur betrachten kann. Ich entspanne, wenn ich konzentriert zusehe, wie sich Bäume im Wind bewegen, wenn ich höre, wie Rotkehlchen singen, und wenn ich die körperlichen Fähigkeiten der Eichhörnchen bestaune. Immer wenn ich einen meiner schönen Orte aufsuche, gönne ich meinem Gehirn einen Aufnahmestopp: keine Online-Nachrichten, keine E-Mails, keine anderen Neuigkeiten.

Wenn ich im Café sitze und einen Aufnahmestopp benötige, betrachte ich den Milchschaum auf dem Kaffee, manchmal auch die anderen Menschen oder die Umgebung. Dabei ist es wichtig, dass ich nichts bewerte. Es ist egal, ob das Blumenbeet gepflegt ist oder nicht, ob der Baum groß ist oder klein. Es ist egal, ob sich die anderen

Menschen so verhalten, wie ich es für angebracht halte, oder nicht. Wichtig ist mir das wertfreie Beobachten. Wenn die Gedanken abwandern, hole ich sie zurück: zum Blumenbeet, zum Baum, zu den anderen Menschen. Wenn mich die Gespräche oder Geräusche stören, konzentriere ich mich so lange auf etwas anderes, bis ich sie nur noch als Hintergrundgeräusch wahrnehme.

Wenn ich mich gestresst fühle, gehe ich an einen meiner ganz persönlichen schönen Orte und konzentriere mich auf die Umgebung. Die stressigen Gedanken haben dann keinen Platz mehr, da wir immer nur an eine Sache denken können. Nach wenigen Minuten an meinem schönen Ort und der vollen Konzentration auf die Umgebung bin ich wieder entspannter. Manchmal gelingt mir das nicht, aber dann bin ich zumindest glücklich darüber, dass ich es versucht habe. Das allein ist schon ein wichtiger Schritt.

Gehirntraining: Medienkonsum und Langeweile

Im Zuge der Evolution hat sich das menschliche Gehirn bisher nur einer Welt angepasst, die zunächst relativ arm an neuen Informationen war. Heutzutage (seit gerade mal wenigen Jahrzehnten) erleben wir aber eine regelrechte Informationsflut. Das passt nicht zusammen. Daher ist es hilfreich, wenn du deinen Verstand im Umgang mit den Medien trainierst und ihm nicht erlaubst, alles aufzusaugen, was es an Informationen gibt.

17 *Langeweile trainieren*

So wird's gemacht: Wenn du dich langweilst, greife nicht gleich zum Smartphone, sondern frage dich, was du in diesem Moment tun kannst, um deinen Lebenszielen einen Schritt näher zu kommen.

Trainingsmöglichkeiten: jedes Mal, wenn du zum Smartphone greifen möchtest, ohne dass es einen dringenden Grund gibt.

Tipp: Du kannst nicht nonstop zu 100 Prozent an deinen Lebenszielen arbeiten. Abschalten und Entspannen sind daher auch Voraussetzungen für zielorientiertes Handeln. Überlege, welche Art der Entspannung, die nichts mit Medienkonsum zu tun hat, dir guttut.

18 *Schöner Ort*

So wird's gemacht: Suche dir einen schönen Ort, den du regelmäßig, am besten täglich, aufsuchst. Lege fest, welche Dinge du an diesem Ort mit voller Konzentration beobachten möchtest.

Trainingsmöglichkeiten: an einem schönen Ort.

Tipp: Es ist leichter, Bäume, Wolken, Tiere oder den Milchschaum des Cappuccinos wertfrei zu beobachten als Menschen. Beginne daher mit den einfachen Dingen, und arbeite dich langsam zu den schwierigeren Aufgaben hoch. Jedes Mal, wenn du dich dabei ertappst, dass du eine Person, die du beobachtest, auch bewertest, fordere dich auf: Nur beobachten!

19 *Realistisch fantasieren*

So wird's gemacht: Wenn du auf das Leben anderer Personen neidisch bist, halte inne und frage dich, wie ihr Alltag wohl aussehen mag. Denke immer daran: Wir sind alle Menschen mit kleineren oder größeren Problemen.

Trainingsmöglichkeiten: wenn du neidisch bist.

Tipp: Versuche, in deiner Fantasie ein komplettes Bild zu erstellen. Es sollte weder zu positiv noch zu negativ sein. Bestenfalls ist es wertfrei. Wenn dir das gelingt, kannst du im nächsten Schritt authentisch mit der anderen Person mitfühlen, in glücklichen wie in herausfordernden Situationen.

Gedanken ordnen

Seit meiner Auszeit am Gardasee, seit dem Buch, das mir gnadenlos erklärt hat, dass ich für mein Leben selbst verantwortlich bin, sind eineinhalb Jahre vergangen. Nichts ist mehr wie vorher, und ich verändere mich weiter – zum Positiven. An der Hochschule fühle ich mich wohl, der Master-Studiengang für Kreatives Management macht mir Spaß und unterstützt mich sogar in meiner persönlichen Entwicklung. In meinem Leben rückt alles an den richtigen Platz.

In der griechischen Mythologie gibt es den Gott Kairos. Er personifiziert eine Chance, die man erhält, oder eine Aufgabe, die es zu erfüllen gilt. Genauso empfinde ich mein berufsbegleitendes Master-Studium. Es ist eine Chance, die ich ergriffen habe. Wer nach der Auffassung der Kairos-Anhänger eine Gelegenheit ungenutzt verstreichen lässt, dem können daraus auch Nachteile entstehen. Wenn ich zurückblicke, habe ich auch oft solche Chancen nicht erkannt und verstreichen lassen. Ich wollte meinen Trott lange Zeit nicht hinter mir lassen und bastelte mir passende Ausreden, damit ich es nicht tun musste. Nur wurde ich dabei immer unglücklicher. Die alten Griechen hätten meine Unzufriedenheit wahrscheinlich mit den negativen Folgen einer ungenutzten Kairos-Chance erklärt.

Götter wie Kairos sind heute nicht mehr populär, Intuition im Gegensatz dazu schon. Die Entscheidung für meinen neuen Studiengang kann ich genauso gut mit Intuition erklären. Ich habe den Studiengang gefunden und wusste sofort: Das ist genau das Richtige!

Wenn ich meiner Intuition folge, dann brauche ich keine langen Listen mit Pro und Kontra zu erstellen. Dann weiß ich, was im Moment das Richtige ist.

Das Studium ist praxisorientiert. Das Ziel der Hochschule ist es, uns zu ausgezeichneten Managern auszubilden. Doch was zeichnet Manager heute aus? Der Umgang mit Zahlen ist die Grundlage. Hervorragend wird ein Manager aber erst, wenn positive menschliche Qualitäten hinzukommen. Die sind ebenso trainierbar wie der Umgang mit Zahlen. Und so betrifft diese Ausbildung vor allem auch den Bereich der Persönlichkeitsentwicklung. Denn wer mit anderen Menschen gut umzugehen weiß, der hat zuerst gelernt, mit sich selbst gut umzugehen. Das ist keine Selbstverständlichkeit! Wie viele von uns sorgen sich nicht um ihre Gesundheit, bleiben in Jobs, die ihnen nicht guttun, verlangen zu wenig oder zu viel von sich selbst oder finden sich auf die eine oder andere Weise nicht in Ordnung? Wer positive menschliche Qualitäten entwickeln will, muss natürlicherweise bei sich selbst ansetzen. Daher besteht ein beachtlicher Teil des Studiums aus Selbstcoaching.

Das ist für mich genau das Richtige. Ich bin auf dem Weg, mich zu ändern. Doch damit es mir gelingt, brauche ich Vorbilder zur Orientierung. Unsere Dozenten sind Vorbilder: erfahrene Manager, Coaches und Wissenschaftler, allesamt mit beeindruckenden menschlichen Qualitäten.

Wohnung aufräumen

Räum dein Zimmer auf! Lange Zeit habe ich nicht verstanden, warum das so wichtig sein soll, dass selbst Karriereberater es immer wieder fordern.

Jetzt betrachte ich mein Umfeld als Spiegel meiner Psyche. Ist es um mich herum unordentlich, herrscht auch Chaos in meinem Kopf. Erstaunlicherweise funktioniert der Spiegel auch andersherum: Wenn ich meine Wohnung aufräume, sortieren sich meine Gedanken. Zusätzlich beobachte ich einen weiteren Kreislauf: Wenn mein Umfeld aufgeräumt ist, meditiere ich lieber. Und je mehr ich meditiere, umso eher ziehe ich Ordnung der Unordnung vor.

In unserer Gesellschaft ist die Meinung weitverbreitet, dass wir glücklich sind, wenn wir das tun, worauf wir Lust haben. Diejenigen, deren Leben aus purer Lustbefriedigung besteht, haben es geschafft. Die Realität sieht anders aus. Wenn ich einfach nach dem Lustprinzip handelte, war ich anschließend oft unzufrieden. Der Lust auf Computerspiele, Bier und Pizza nachzugeben befriedigte mich für kurze Zeit, doch auf lange Sicht wurde ich immer unglücklicher. Der schnelle Sportwagen machte mich für einige Wochen glücklich, dann wurde er zur Selbstverständlichkeit. Urlaube empfand ich als nette Abwechslung, doch nicht als das, was mich langfristig glücklich machen kann. Wahrscheinlich bin ich nicht der Einzige, der durch Lustbefriedigung nicht glücklich geworden ist. Wer sich alles leisten kann, wer jeden Tag das machen kann, worauf er Lust hat, ist noch lange kein glücklicher Mensch. Es gibt genügend Hollywoodstars oder erfolgreiche Musiker, die sich alles leisten können, worauf sie Lust haben. Trotzdem sind sie oft nicht glücklich und zerbrechen mitunter sogar an ihrem Unglück.

Jetzt entscheide ich mich nicht mehr nach dem Lustprinzip, sondern orientiere mich an rationalen Gründen. Ich mache, was zu tun ist, egal ob ich darauf Lust habe oder nicht. Überraschenderweise macht mich das glücklicher, als wenn ich meiner Lust nachgebe. Ich räume auf und putze. Nicht, weil es mir Vergnügen bereitet, sondern weil es nötig ist. Weil ich merke, wie das Aufräumen mir hilft, mein inneres Chaos abzubauen.

Im japanischen Buddhismus ist Reinheit eine der grundlegenden spirituellen Praktiken. Körper und Kleidung sollen gepflegt und sauber sein, genauso wie das Wohnumfeld.

Wer mehr Klarheit und Ruhe in seine Gedanken bringen möchte, soll putzen, putzen und noch einmal putzen.

Shoukei Matsumoto, buddhistischer Mönch in Tokyo, hat über dieses Prinzip ein Buch geschrieben: A Monk's Guide to a Clean House and Mind. Zu Deutsch etwa: Anleitung eines Mönchs, um Haus und Verstand rein zu halten.

Buddhistische Mönche pflegen ihre Klöster nach folgendem Prinzip: Sie putzen alles von oben nach unten und behandeln dabei jeden Gegenstand mit Vorsicht. Jedes Objekt wird mit voller Konzentration wahrgenommen und gewertschätzt. Der Autor rät, die Praxis zu erweitern, sobald das Haus oder die Wohnung ordentlich und sauber ist. Als Nächstes sollen Keller, Speicher, Unterlagen usw. geputzt bzw. aufgeräumt werden. Laut japanischem Buddhismus reinigen sich die Gedanken und Emotionen, wenn das persönliche Umfeld gereinigt wird. Die Praxis des Aufräumens und Säuberns ist ihrer Erfahrung nach so wertvoll, weil unendlich! Es dauert nicht lange, dann ist die Wohnung wieder verstaubt und unordentlich, dann sind Kleidung sowie Geschirr erneut schmutzig. Das Aufräumen und Putzen beginnt täglich aufs Neue.

Shoukei Matsumoto sieht hierin Parallelen zur Meditation. Viele Menschen, die regelmäßig meditieren, erlangen einen hohen Grad an Gelassenheit sowie Selbstdisziplin. Das macht sie zufrieden und glücklich. Aber die Entspanntheit und Disziplin halten nicht ewig! Besonders nicht, wenn man nicht regelmäßig (am besten mehrmals täglich) meditiert. Wenn man das Meditieren vernachlässigt, steigt die Gefahr, dass man auf die nächste Herausforderung wieder mit Ärger, Angst oder Unzufriedenheit reagiert. Wer aufhört, täglich zu meditieren, dessen Gedanken geraten wieder in Unordnung. Wer hingegen ein Leben lang meditiert, sorgt für geistige Ordnung und erlebt vermehrt inneren Frieden.[33]

Ein unordentliches Wohnumfeld kann auch das Abbild innerer Konflikte sein. Das Tragische dabei ist, dass sich Unordnung zusätzlich negativ auf die Psyche auswirkt. Viele, die in einem unordentlichen Umfeld leben, fühlen sich durch das Chaos beengt. Zusätzlich führen Überlegungen wie »Eigentlich sollte ich aufräumen!« zu Stress, wenn den Gedanken keine Taten folgen. Außerdem ist es schwieriger, in einem chaotischen Umfeld die Orientierung zu behalten. Das wirkt dann ebenfalls belastend.

Das Ausmaß meines Durcheinanders überwältigt mich. Erst als ich mich nacheinander auf ein Regal, auf ein Zimmer und dann auf die Ordner aus meinem Bachelor-Studium konzentriere, gelingt es mir, Ordnung zu schaffen. Jedem Gegenstand weise ich einen Platz zu.

Wenn ich keinen Platz für ihn finde, sortiere ich ihn aus. Mein Gedanke dahinter: Wofür ich schon keinen Platz in meiner Wohnung finde, dafür gibt es folglich auch keinen Raum in meinem Leben. Das Platzproblem zeigt mir, dass ich den Gegenstand nicht brauche.

Als ich mein Durcheinander ordne, fühlt es sich wie eine innerliche Befreiung an. In mir entsteht eine Weite, die ich so vorher nicht kannte. Zusätzlich merke ich, wie ich mehr Kontrolle über mein Leben bekomme. Im positiven Sinn: Das hat nichts mit der Welt eines Kontrollfreaks gemein. Mir gehört dieser Raum nun wieder, und ich lege fest, was darin passiert. Vorher gehörte der Raum dem Durcheinander, das ihn auch beherrscht hat. Durch das Aufräumen habe ich Platz für mehr Kreativität und neue Gedanken geschaffen.

Buddhisten sehen im Ausmisten von Gegenständen mehr als nur das Schaffen äußerer und innerer Ordnung. Sie assoziieren es mit dem Loslassen alter Gewohnheiten und Denkmuster. Wer sich von materiellen Dingen trennen kann, der kann sich ebenso von hinderlichen Verhaltensmustern trennen. Und wer nicht mehr von seinen hinderlichen Verhaltensmustern beherrscht wird, ist innerlich frei.[34]

Einen ähnlichen Ansatz verfolgt die japanische Bestsellerautorin Marie Kondo, die mittlerweile als Aufräumexpertin in den USA Hunderte Aufräumberaterinnen ausgebildet hat. Sie sagt: »Gegenstände, die nicht glücklich machen, können weg. Was hingegen Freude bereitet, wird aufmerksam gepflegt.« Sie vertritt die Meinung, dass Menschen, die in ihrem Wohnumfeld Ordnung schaffen, damit gleichzeitig ihre Seele aufräumen. Denn mit vielen Gegenständen sind Geschichten verbunden. Werden gewisse Gegenstände aussortiert, erhalten die damit verbundenen Geschichten einen sinnvollen Abschluss. Werden hingegen Gegenstände behalten und gepflegt, bekommen die entsprechenden Geschichten die nötige Wertschätzung. Kompromissloses Aufräumen macht Menschen selbstbewusster, zufriedener und ausgeglichener – so die Erfahrung der Aufräumexpertin.[35]

Meine Erfahrungen bestätigen diese wissenschaftlichen Erkenntnisse. Seitdem meine Wohnung aufgeräumt und sauber ist, fühle ich mich wohler und bin konzentrierter.

Aus der Wissenschaft:

Ordentliche Menschen sind glücklicher

Zwei Wissenschaftlerinnen aus Los Angeles ließen 60 Frauen ihr Zuhause beschreiben. Die Frauen sollten bewerten, inwieweit ihr Heim in ihren Augen unordentlich oder unfertig eingerichtet bzw. aufgeräumt und vollständig sei.

Die Beschreibungen analysierten die Wissenschaftlerinnen mit einer speziellen Software zur Sprachanalyse. Aufgrund der Beschreibungen ordneten die Wissenschaftlerinnen die Frauen in zwei Gruppen ein: die Gruppe der Ordentlichen und die der Unordentlichen. Weiterhin wurden die Stimmung der Probandinnen sowie weitere Faktoren, wie beispielsweise ihre materielle Zufriedenheit, untersucht. Bei der Betrachtung der Werte für die Stimmung – unabhängig von den weiteren Faktoren, welche die Stimmung zusätzlich beeinflussen können – zeigte sich ein klares Bild: Frauen, die ihr Umfeld als unordentlich und unfertig eingerichtet bewerteten, neigten stärker zu depressiven Verstimmungen als diejenigen, die ihr Zuhause als aufgeräumt und fertig empfanden.[36]

In einer Studie von Wissenschaftlern der Princeton University wurde festgestellt, dass Menschen, die von Durcheinander umgeben sind, mehr Schwierigkeiten haben, sich auf eine Aufgabe zu konzentrieren. Ein Teil des Gehirns beschäftigt sich nämlich mit der Verarbeitung der Unordnung. Dadurch reduziert sich die geistige Kapazität für die Bearbeitung der Aufgabe. Die Effektivität sinkt, und die Wahrscheinlichkeit, frustriert zu reagieren, steigt. Probanden, die hingegen in einer aufgeräumten und gut organisierten Umgebung arbeiteten, ärgerten sich weniger und waren produktiver.[37]

Neben dem Sinn für wohltuende Ordnung gibt es den problematischen, zwanghaften Ordnungswahn. Dieser Zwang kann ebenfalls ein Spiegel der Psyche sein. Bei großer innerer Unruhe,

Angst und vielen Zweifeln reagieren einige Menschen mit zwanghafter Sauberkeit. Wenn das Chaos im Inneren zu groß wird, muss zumindest außen alles tadellos ordentlich aussehen. Das ist das zugrundeliegende psychologische Prinzip. Wer zwanghaft Ordnung hält, der erträgt nicht mal ein wenig Unordnung bzw. duldet kein anderes Ordnungssystem als das eigene.

Menschen mit Zwängen beschäftigen sich häufig übermäßig mit Regeln, die meist auch selbst festgesetzt werden. Zwanghaftes Verhalten wirkt sich zudem negativ auf soziale Kontakte aus. Beispielsweise könnte Besuch von Freunden ja die geschaffene Ordnung und Sauberkeit zerstören. Und daher verzichten einige Betroffene darauf, überhaupt Freunde einzuladen.

Zwanghafte Ordnung führt nicht zu mehr Konzentration und Klarheit. Daher ist sie unbedingt von der wohltuenden Ordnung zu unterscheiden! Bei der wohltuenden, förderlichen Ordnung kann es ruhig kurzfristig zu Schmutz oder Unordnung kommen. Denn das wird nicht lange währen, und dann bekommt alles wieder seine Richtigkeit.

Auch der Verstand liebt Ordnung

Viele unserer Gedanken sind in Unordnung. Da nicht jeder unserer Gedanken völlig reflektiert ist, erkennen wir diese geistige Unordnung oft nicht. Deutliche Auswirkungen hat sie aber. Sie zeigt sich im täglichen Leben, indem wir beispielsweise Projekte nicht rechtzeitig oder überhaupt nicht zu Ende bringen.

Der Hauptgrund, warum Projekte unvollendet bleiben oder nur unter großem Stress, z. B. mit Nachtschichten, zum Abschluss kommen, ist nicht, wie viele denken, der Mangel an Engagement. Das Gegenteil trifft eher zu: Perfektionismus und zu hohe Erwartungen an die eigene Leistung sind die Stolpersteine. Viele denken, sie müssten härter arbeiten, früher aufstehen und abends länger weitermachen, um endlich ihr Ziel zu erreichen. Das funktioniert nicht. Denn nicht zu wenig Leistung ist das Problem, sondern die Gedanken daran, dass man Perfektionismus erlangen möchte. Sie müssen in Ordnung gebracht werden, dann stellt sich Erfolg und Freude ein.

Oft bleibt es nicht bei dem Gedanken: Es ist nicht gut genug! Die negative Einschätzung der eigenen Leistung beeinflusst dann auch die Bewertung der eigenen Persönlichkeit. Man fühlt sich als Mensch nicht gut genug. So entsteht ein Kreislauf: Denn wer das Gefühl hat, nicht gut genug zu sein, der sieht seine Arbeit häufig genauso. Die Ergebnisse reichen dann vielleicht wirklich nicht aus. Das wiederum wird als Indiz dafür gewertet, als Mensch unzureichend zu sein. Ein Teufelskreis, der jedes Projekt schwieriger werden lässt, als es sein müsste! Zusätzlich sind die Resultate der Perfektionisten im Vergleich zu den Resultaten derer, die ihre Ergebnisse gewöhnlich als gut genug einschätzen, in der Tat schlechter. Denn die Nichtperfektionisten können sich komplett auf das Projekt konzentrieren. Die Perfektionisten hingegen sind ständig mit Selbstkritik, Zweifeln und der Frage, ob es gut genug ist, beschäftigt. Das raubt Energie und Konzentration.

Bei gedanklicher Unordnung helfen weder längere Arbeitstage noch ein besseres Zeitmanagement.

Diese geistige Unordnung muss beseitigt werden. Solche Gedanken müssen z. B. ausgemistet werden: Ich bin nicht gut genug. Oder: Es ist nicht gut genug. Dafür sollten diese Gedanken einkehren: Ich bin gut genug. Oder: Es ist gut genug.

Wer seine Arbeit als gut genug einschätzt, der verrichtet sie mit mehr Freude. Das wirkt sich nicht nur auf die Zufriedenheit mit dem Leben, sondern auch auf die Leistungen aus.

Diffuse Zukunftsangst ist ebenfalls geistige Unordnung. Konkrete Angst, wie beispielsweise aufgrund eindeutiger Anzeichen für eine Unternehmensinsolvenz, ist damit nicht gemeint. Die ist eher hilfreich, denn sie führt meist zum Handeln. Diffuse Zukunftsangst ist die Angst vor Krankheiten, selbst wenn man sich fit und gesund fühlt, die Angst, Geld zu verlieren, selbst wenn die Geschäfte laufen, oder die Angst um andere Menschen, obwohl es ihnen bestens geht. Diese Angst nützt nichts, da sie kein konkretes Handeln bedingt. Aber sie schadet. Wer Angst hat, leidet an muskulären Verspannungen, Bluthochdruck und erhöhter Ausschüttung des Stresshormons Cortisol. Die Stimmung geht in den Keller. Diese Form der Angst gilt es mit geistiger Disziplin zu unterbinden – mit dem gezielten Ordnen hinderlicher Gedanken. Man lässt diese Gedanken am besten einfach nicht zu. Genauso wie man es nicht zulässt, dass der Besuch mit verschlammten Gummistiefeln durch die gesamte Wohnung latscht.

In Unordnung geratene Gedanken verfestigen sich häufig und werden zu gewohnheitsmäßigen gedanklichen Strukturen. Und viele Menschen leiden nicht nur an einem oder zwei in Unordnung geratenen Gedanken, sondern an einigen mehr.

Die Unordnung der Gedanken lässt sich mit der Unordnung einer Wohnung vergleichen. Jeden hinderlichen Gedanken kann man sich wie einen Pulli vorstellen, der in der Küche auf den Boden fallen gelassen wird, wie Schuhe, die auf dem Küchentisch abgestellt werden, oder wie Müll, der überall verstreut herumliegt und von niemandem entsorgt wird.

Wer sich einen ruhigen und klaren Verstand antrainieren möchte, der muss gedanklichen Müll genauso beseitigen, wie er Müll aus der Wohnung entfernt. Zusätzlich müssen förderliche Gedanken quasi einen festen Platz bekommen. Und man muss sich mit ihnen so häufig wie möglich beschäftigen und sie wiederholen.

Aus der Wissenschaft:

Gedankenwiederholungen

Edward R. Watkins, britischer Professor für Psychologie, führte eine umfangreiche Literaturstudie über wiederkehrende Gedanken durch. Anhand der Ergebnisse der vielen Hundert wissenschaftlichen Studien, die er las, identifizierte er unterschiedliche Arten der Gedankenwiederholungen. Zunächst stellte er fest, dass wiederkehrende

Gedanken ein normaler mentaler Vorgang sind. Dieser Vorgang wird in der Psychologie als Grundlage für soziales Verhalten, Motivation, Selbststeuerung, das Erreichen von Zielen, Stress und für psychische Gesundheit angesehen.

Professor Watkins kam zu dem Schluss, dass wiederkehrende Gedanken sowohl positive wie negative Effekte haben. Als positive Wirkungen gelten das Verarbeiten trauriger oder traumatischer Erlebnisse, das Planen von Handlungen sowie positive Verhaltensänderungen. Negative Gedankenwiederholungen tragen zu Angst, Depression oder anderen gesundheitlichen Problemen bei. Ob Gedankenwiederholungen positiv oder negativ wirken, hängt von folgenden drei Faktoren ab:

- der Intensität der wiederkehrenden Gedanken,
- der Situation, auf die sich die Gedankenwiederholungen beziehen,
- der Art der Gedankenwiederholungen, insbesondere ob sie konstruktiv oder destruktiv sind bzw. abstrakte oder konkrete Lösungen beinhalten.

Die meisten Gedankenwiederholungen lassen sich laut Professor Watkins einer der folgenden Gruppen zuordnen:

Depressives Grübeln
Der Fokus des Denkens liegt auf den Beschwerden und dem Leid, das durch die Depression entsteht. Da die Gedanken wiederholt werden, verfestigen sich depressive Stimmungen und Traurigkeit. Betroffene denken immer wieder über die Gründe für ihre Niedergeschlagenheit nach.

Grübeln
Als Grübeln werden wiederkehrende Gedanken definiert, die sich um ein spezifisches Thema, um soziale Kontakte, Ziele oder um Zweifel

drehen. Typischerweise treten sie auf, wenn die äußeren Umstände das Nachdenken über das Thema nicht erfordern.

Angst

Es gibt zwei Arten der Angst, eine nützliche und eine unnütze. Die nützliche Angst zeigt sich hauptsächlich auf zwei verschiedene Weisen:

- Sie tritt kurzfristig während eines Ereignisses auf, das vermehrte Aufmerksamkeit erfordert.
- Sie tritt längerfristig auf und bezieht sich auf eine reale potenzielle Gefahr.

Durch ihr Auftreten soll eine Anpassung des Verhaltens erfolgen, um auf eine Gefahr besser reagieren zu können. Im Gegensatz dazu liegt der unnützen Angst keine reale Gefahr zugrunde. Kommt einem z. B. der Gedanke »Was, wenn sie einen Unfall hatte?«, nur weil die Partnerin mit dem Auto unterwegs ist, handelt es sich um eine unnütze Angst.

Kognitives und emotionales Verarbeiten

Das kognitive und emotionale Verarbeiten tritt häufig nach einer unangenehmen Erfahrung auf. Dabei wird wiederholt sowohl über die Ereignisse als auch über die Emotionen nachgedacht. Dadurch wird der Erfahrung eine Bedeutung zugeordnet, die zum bestehenden Weltbild oder zu vorhandenen Glaubenssätzen passt. Kognitives und emotionales Verarbeiten kann sich positiv auswirken und bei der Aufarbeitung schwieriger oder traumatischer Erfahrungen helfen. Es kann aber auch ein negatives Weltbild festigen oder das Leid einer Person verstärken.

Planen und Probleme lösen

Beim Planen und Problemelösen wird zunächst das Problem gedanklich definiert oder eingeschätzt. Danach werden verschiedene

Lösungen erdacht, durchdacht und gegeneinander abgewogen. Dabei entsteht eine konkrete Vorstellung von Schritten, die nötig sind, um eine Aufgabe oder ein Problem zu lösen.

Alternative Versionen der Vergangenheit

Hierbei werden mental alternative Szenarien entwickelt. Typisch sind Gedanken wie z. B.: Hätte ich nur mehr studiert, hätte ich bessere Ergebnisse erzielt. Oft hat diese Art zu denken negative Folgen wie Scham, Schuldgefühle, Traurigkeit, Angst und Bedauern.

Pessimistisches Denken zur Selbstverteidigung

Diese Gedankenwiederholungen sind charakterisiert durch niedrige Erwartungen an zukünftige Ergebnisse. Die Gedanken drehen sich dabei um alles, was schiefgehen könnte, und sind von schlimmstmöglichen Szenarien geprägt. Dadurch entsteht ein gewisser Selbstschutz, weil man auf ein mögliches Versagen vorbereitet ist oder ein Scheitern im Nachhinein rechtfertigen kann. Auch dieses Denken wirkt sich negativ aus.

Reflexion

Reflexion wird als spielerisches Erkunden seiner Selbst definiert. Dabei entstehen neue bzw. alternative Formen der Selbstwahrnehmung. Motiviert ist diese Art des Denkens durch Neugier und durch das Interesse an philosophischen sowie psychologischen Fragen. Positiv wirkt sich die Reflexion aus, wenn es dadurch zu nützlicher Selbsterkenntnis kommt. Nimmt sie hingegen neurotische Züge an, ist sie hinderlich.

Umherschweifende Gedanken

Drehen sich Gedanken um Erinnerungen oder anderes, das im Gehirn gespeichert ist, spricht man von umherschweifenden Gedanken. Problematisch sind diese, wenn wegen ihnen eine Aufgabe, auf die man sich konzentrieren muss, nicht erledigt werden kann. Schweifen Gedanken aber in Momenten umher, in denen keine hohe Konzentration erforderlich ist, können sie auch zu Problemlösungen beitragen.

Positives Nachdenken
Zu den positiven Gedankenwiederholungen zählen Erinnerungen an schöne Erlebnisse und Emotionen sowie das Nachdenken über persönliche Qualitäten und über favorisierte Lebensumstände.

Notorische negative Selbstkritik
Darunter versteht man das wiederholte gewohnheitsmäßig negative Denken über sich selbst. Es geschieht häufig völlig unkontrolliert. Da so ein Teil der Gedanken mit negativer Selbstkritik beschäftigt ist, nehmen Aufmerksamkeit und kognitive Fähigkeiten ab.[38]

Seitdem ich meditiere, bin ich mir immer häufiger über die Art meiner Gedanken im Klaren. Bei Zukunftsangst, Grübeleien oder kurzen Phasen der Selbstkritik kann ich meine Einschätzung oft nicht so schnell positiv verändern, wie ich möchte. Dann konzentriere ich mich auf den gegenwärtigen Moment, auf meine Füße, meine Atmung oder auf das, was um mich herum passiert. Schließlich verschwinden die negativen Gedanken. Das ist der erste Schritt.

Bei Selbstzweifeln gebe ich mir einen Ruck und analysiere die Situation: Übersehe ich positive Aspekte? Ist es wirklich so fatal, wie ich denke? Wie haben sich ähnliche Situationen in der Vergangenheit entwickelt? Meine Analyse funktioniert dann besonders gut, wenn ich mich und die Welt nicht so ernst nehme.

Mit diesen Gedanken beende ich ganz bewusst gewisse eingespielte Gedankenwiederholungen und setze neue Akzente. Meine Stimmung verändert sich dann sofort. Der Stress nimmt ab, ich bin zufriedener. Was will ich mehr?! Meine Erfahrungen untermauern somit die wissenschaftlichen Ergebnisse von Lisa Feldman Barrett, die sagt, dass Gefühle durch Gedanken entstehen. Wenn ich mich anders fühlen möchte, muss ich daher meine Gedanken ändern. So weit, wie mir das möglich ist.

Glaubenssätze erkennen und verwandeln

Glaubenssätze sind fest eingespielte Gedankenwiederholungen, derer wir uns oft gar nicht recht bewusst werden. Jeder Mensch entwickelt sie fortlaufend, um sich in der Welt besser zu orientieren. Leider gibt es neben den positiven Glaubenssätzen auch negative. Solch hinderliche Glaubenssätze verursachen geistige Unordnung, die das Leben schwerer macht. Wenn man diese Unordnung aber erkennt, kann man sie auch beseitigen. Und das zeigt Wirkung: Denn wenn man negative Glaubenssätze fallen lässt oder positiv verändert, führt das auf Dauer zum Glück.

Glaubenssätze sind Überzeugungen und gedankliche Konstruktionen, die das Leben prägen. Sie formen unser Selbstbild und Sozialverhalten sowie unsere Erfahrungen im Arbeitsalltag. Viele merken gar nicht, wie ihr Leben durch negative Glaubenssätze bestimmt wird, weil sich diese Überzeugungen tief ins Unterbewusstsein eingegraben haben.

Glaubenssätze werden unbewusst von Eltern und anderen Bezugspersonen übernommen. Wenn ein Vater den Glaubenssatz vorlebt, dass das Leben eine Last sei, übernehmen seine Kinder wahrscheinlich zunächst diese Grundannahme, ohne sie zu hinterfragen. Oder wenn eine Mutter davon überzeugt ist, dass ihr alles misslingt, können ihre Kinder schnell das Gleiche von sich denken. Zusätzlich werden Glaubenssätze unbewusst aufgrund von Erfahrungen entwickelt. Ich war beispielsweise im Sportunterricht beim Turnen miserabel. Mir fehlten die motorischen Fähigkeiten, um einen Purzelbaum zu schlagen. In meinem Kopf verfestigte sich die Vorstellung, dass ich so etwas nicht kann. Dabei war mir nicht bewusst, dass es Kinder in meiner Klasse gab, die mit ihren Eltern schon im Kleinkindalter das Purzelbaumschlagen geübt hatten. Oder welche, die über Jahre ins Kinderturnen gingen und dort ständig Purzelbäume schlagen mussten. In meiner Vorstellung teilte sich die Welt in Kinder, die automatisch Purzelbaum schlagen können, und die, die das nicht können. Ich zählte mich zur zweiten Gruppe, zu den Purzelbaumversagern. Dafür konnte ich aber Tennis spielen. Interessanterweise war es für mich eine Selbstverständlichkeit, dass Kinder, die nicht zum Tennisunterricht gingen, natürlich kein Tennis spielen konnten. Im Fall der Purzelbäume ging ich jedoch davon aus, dass es alle gleich gut können müssten. So entstand in mir der Glaubenssatz, dass ich dafür untauglich bin. Ich habe es gehasst.

Jeder von uns trägt etliche negative Glaubenssätze in sich. Sie hindern uns in bestimmten Situationen, unser Potenzial auszuleben. Sie lassen Aufgaben schwieriger erscheinen, als sie sind, oder verhindern, dass wir uns große Ziele setzen.

Anhand individueller Glaubenssätze interpretiert dann jeder das, was er erlebt. Begegnet beispielsweise einem Mann, der überzeugt ist, er sei unattraktiv, eine bildhübsche Frau, die ihn keines Blickes würdigt, kann es passieren, dass er glaubt, die Frau betrachte ihn nicht, weil er unattraktiv ist. Hält sich ein ähnlich aussehender Mann hingegen für attraktiv und kommt ihm eine bildhübsche Frau entgegen, die ihn keines Blickes würdigt, interpretiert er das Ereignis wahrscheinlich anders. Er zweifelt nicht an sich, sondern hält die Frau beispielsweise für schüchtern oder wähnt sie in Gedanken versunken.

Meditation hilft dabei, negativen Glaubenssätzen auf die Schliche zu kommen. Denn durch Meditation trainiert man die Selbstbeobachtung – man registriert vermehrt, was man denkt und fühlt.

Ich merke, dass ich besonders in der Umgebung großer, starker Männer unsicher bin. Bevor ich meditierte, spürte ich nur ein Unwohlsein, jetzt kann ich das mulmige Gefühl klar als Angst definieren. Das ist der erste Schritt.

Ich frage mich, was der Grund meiner Angst ist, und gebe mir selbst die Antwort: Ich kann mich nicht wehren. Das muss ein Glaubenssatz sein! Typisch für Glaubenssätze ist die Verallgemeinerung von Sachverhalten. Genau das mache ich. Es stimmt nämlich nicht, dass ich mich generell nicht wehren kann. Meinungsverschiedenheiten, die verbal ausgetragen werden, gewinne ich meist. Ob ich bei körperlichen Auseinandersetzungen eine Chance hätte, weiß ich nicht. Bislang habe ich keine Auseinandersetzung dieser Art erlebt. Fest steht: Wenn ich gegen einen ausgebildeten Kampfsportler antreten müsste, würde ich verlieren. Warum auch nicht, ich treibe eben keinen Kampfsport. Der Glaubenssatz »Ich kann mich nicht wehren.« stimmt somit nicht. Doch ich merke, wie tief diese Annahme mein Unterbewusstsein beherrscht.

Würde ich stumpfsinnig einen neuen Glaubenssatz einüben (wie: Ich kann mich wehren. Oder: Ich bin stark.), würde mir das nicht helfen. Denn der Glaubenssatz ist so tief in meinem Unterbewusstsein verankert, dass er sich durch das Wiederholen eines Satzes mit gegenteiliger Bedeutung nicht einfach ersetzen lässt.

Vielleicht werde ich in Zukunft Kampfsport treiben. Mein Unterbewusstsein braucht wahrscheinlich die Erfahrung, im Kampf gegen einen körperlich überlegenen Mann zu gewinnen, um endlich diesen einen Glaubenssatz zu tilgen. Der Gedanke, Kampfsportler zu werden, fasziniert mich!

Wie ich meine Master-Arbeit im Flow schreibe

Mein Master-Studium für Kreatives Management vergeht wie im Flug, ich bin bereits im letzten Semester. Die Firma läuft zufriedenstellend, ich jogge weiterhin regelmäßig und achte auf meine Ernährung. Das Leben ist gut. Ein Seminar über Intuition und Entscheidungsfindung begeistert mich in besonderem Maße. Dort geht es u. a. um die Frage, wie Kunden oder Geschäftspartner Entscheidungen treffen. Das ist eine der Kernfragen der Ökonomie, und sie ist bei Weitem nicht beantwortet.

Der Leiter des Seminars bietet mir an, das Thema für meine Master-Arbeit aus diesem Bereich zu wählen. Er schlägt als Titel vor: »Woher kommt das Neue? Ein Streifzug durch die Systemtheorie.« Woher kommen neue Ideen und Geistesblitze? Das ist eine faszinierende Frage. Ich soll mich dabei u. a. mit Intuition beschäftigen. Nur eine Wissenschaftsdisziplin allein wird Intuition nicht beschreiben können. Daher ist es sinnvoll, sie mithilfe der Systemtheorie zu betrachten. In der Systemtheorie werden Erkenntnisse aus vielen verschiedenen Fachgebieten kombiniert. Ich werde das Phänomen der Intuition hinsichtlich seiner Struktur, Dynamik und Funktionen umfassend analysieren. Es ist eine schwierige Aufgabe, doch ich will sie lösen.

Ich mache mich an die Arbeit, sitze in belebten Cafés und lese. Dabei bekomme ich fast nichts von dem mit, was um mich herum passiert. Ich verfasse Notizen, einige Wochen später schreibe ich die ersten Abschnitte. Alles im Café. Jeden Tag freue ich mich darauf, weiterhin nachdenken sowie lesen zu dürfen und meine neuen Erkenntnisse aufzuschreiben. Die Zeit verfliegt, ich bin glücklich. Es gibt in diesen Momenten nichts Schöneres zu tun. Noch weiß ich nicht, was bei meiner Recherche und beim Kombinieren der Erkenntnisse aus den verschiedenen wissenschaftlichen Disziplinen herauskommen wird. Doch die Arbeit ist keine Last, und ich bin mir sicher, dass ich sie zu einem sehr guten Abschluss bringen werde. Ich lebe im Flow. Was so viel bedeutet wie: Fließen. Die Erkenntnisse meiner Arbeit fließen sozusagen ungehindert aus mir heraus.

Der Begriff Flow geht auf den Psychologen Mihaly Csikszentmihalyi zurück. Er ist Mitbegründer des Forschungsfeldes der positiven Psychologie. Er interessierte sich nicht für psychische Störungen, ihn trieb die Frage an, was einen Menschen glücklich macht. Seine Kindheit war vom Zweiten Weltkrieg und von Verlust geprägt. Seine beiden älteren Brüder starben im Krieg. Als die Kommunisten 1949 in Ungarn die Macht ergriffen, weigerte sich sein Vater, der zuvor ungarischer Botschafter gewesen war, für das neue Regime zu arbeiten, woraufhin die Familie die ungarische Staatsbürgerschaft verlor. Daher siedelte sie nach Rom über, wo der Vater ein Restaurant eröffnete, um für ein Einkommen zu sorgen. Mihaly Csikszentmihalyi verließ frühzeitig die Schule und half im Restaurant. Seitdem ließ ihn die Frage nicht mehr los, wie Menschen glücklich sein können, selbst wenn sie vermeintlich alles verloren haben. Später emigrierte er in die USA, studierte Psychologie und widmete der Beantwortung dieser Frage sein Leben.

Für ihn stand früh fest: Die besten Momente des Lebens sind nicht die passiven, in denen man sich entspannt oder von anderen etwas geschenkt bekommt. Sondern die besten Momente sind die, in denen sich Verstand oder Körper an der Grenze des Machbaren befindet – und zwar freiwillig. Glück entsteht durch die Anstrengungen, die man auf sich nimmt, um ein schwieriges und wertvolles Ziel zu erreichen.

Genauso empfinde ich das Schreiben meiner Master-Arbeit. Ich erörtere die Frage ja freiwillig. Zwar brauche ich die Arbeit für meinen Abschluss, aber den sehe ich ebenfalls als ein freiwilliges Ziel an. Meine Aufgabe ist schwierig. Ich weiß noch nicht, wie ich sie lösen werde, und ich muss mich anstrengen. Dennoch bin ich mir sicher, dass ich ein wertvolles Ergebnis erarbeiten werde, nicht nur für mich. Ich bin glücklich.

Die Untersuchungen von Mihaly Csikszentmihalyi zeigten, dass Menschen am kreativsten, produktivsten und oft auch am glücklichsten sind, wenn sie von ihren Aufgaben weder überfordert noch unterfordert werden. Er interviewte Künstler, Sportler, Wissenschaftler, Unternehmer und andere Personen zu ihren glücklichen Momenten während des Arbeitens. Sie berichteten von Zeiten, in denen ihre Arbeit ohne große Mühe aus ihnen quasi herausfließe. Daher nannte er diesen Zustand Flow.

Flow-Zustände sind universell. Menschen unterschiedlichen Geschlechts und Alters sowie verschiedener Kulturkreise erleben sie. Sie sind zudem nicht auf bestimmte Aktivitäten beschränkt.

Flow-Zustände zeichnen sich durch folgende acht Merkmale aus:

- komplette Konzentration auf die Aufgabe
- Klarheit über die Ziele
- verändertes Zeitempfinden (schneller oder langsamer)
- Selbstmotivation und Selbstbelohnung
- Mühelosigkeit und Leichtigkeit
- Balance zwischen Aufgabe und Fähigkeiten

- Gedanken und Bewertungen bezüglich der eigenen Person verschwinden
- Es besteht das Gefühl, die Aufgabe unter Kontrolle zu haben.

Nicht jeder erlebt einen Flow-Zustand. Personen, die weniger ichbezogen sind, erleben leichter einen Flow, da sie sich nicht ständig selbst bewerten oder ihr Handeln kommentieren. Auch Menschen, die sich ausdauernd einer Aufgabe widmen, erleben diese glücklichen Zeiten eher als jene, die schnell aufgeben. Weiterhin ist die Eigenmotivation ein Schlüssel für Flow-Zustände: Jemand, dessen Hauptmotivation das Geldverdienen, die Anerkennung durch andere oder der nächste Karriereschritt ist, wird eher keine Flow-Erlebnisse haben. Wer hingegen ein hüpfendes Auto um des hüpfenden Autos willen erfindet, wer ein perfektes Musikstück um der Musik willen präsentiert, wer neue wissenschaftliche Experimente um der Erkenntnisse willen entwickelt, der kann einen Flow erleben.

Mihaly Csikszentmihalyi zeigt mit seiner Forschung, dass Glück ein psychischer Zustand ist, der nicht an äußere Bedingungen gekoppelt ist. Zusätzlich vertritt er die Meinung, dass man Glück einüben kann – dafür braucht es eine gewisse Selbstverpflichtung und einige Anstrengungen, um es zur täglichen Realität werden zu lassen.[39]

Ein Merkmal des Flows ist die volle Konzentration auf eine Aufgabe. Nichts anderes ist Meditation. Ich bin mir sicher, dass selbst eine Alltagstätigkeit wie beispielsweise das Händewaschen zu einem flowähnlichen Erlebnis wird, wenn ich sie mit voller Konzentration verrichte. Noch habe ich das nicht erlebt, doch ich trainiere weiter.

Sich ein Gefühl einpflanzen

Ich merke, wie ich meine Gedanken bewusster steure und damit meine Gefühle verändere, zum Positiven. Ich experimentiere mit meiner Erfahrung und wähle nicht nur bewusst gewisse Gedanken aus, sondern pflanze mir sozusagen auch Gefühle ein. Um das zu erreichen, nehme ich mir vor, mich auf bestimmte Weise zu fühlen. Meistens fühle ich mich anschließend auch fast so.

Als ich meine Abschlussarbeit für mein erstes Studium schrieb, dachte ich hin und wieder: Doofe Bachelor-Arbeit! Kein Wunder, dass ich sie nicht im Flow schrieb wie meine Master-Arbeit. Wenn ich etwas doof finde, wird es zum Gegner. Dann kämpfe ich dagegen – wie in diesem Fall gegen die Arbeit. Jetzt gehe ich anders vor, ich mache mir die Arbeit zum Freund. An einigen Tagen, während ich meine Master-Arbeit schreibe, gerate ich nicht automatisch in den Flow. Dann pflanze ich mir nach den ersten Anfangsschwierigkeiten das Gefühl ein, dass ich in diesem Moment nichts lieber tun möchte, als die Master-Arbeit zu schreiben. Zusätzlich stelle ich mir vor, wie erstklassig die fertige Arbeit sein wird. Wenn ich mir diese Gefühle einpflanze, verändert sich meine Einstellung zur Arbeit. Ich bin motiviert, und das Schreiben fällt mir leicht.

Ähnliches erlebe ich beim Kontakt mit anderen. Wenn ich jemanden für einen Idioten halte, habe ich mir in diesem Moment Gefühle der Überheblichkeit oder der Abwehr eingepflanzt, und so interpretiere ich dann Verhalten und Aussagen des anderen. Ich nehme also nur selektiv die Aspekte wahr, die zu meinem Vorurteil passen. Sage ich mir im Vorfeld hingegen, dass ich offen für Neues sein möchte, und pflanze ich mir damit das Gefühl der Neugier ein, bewerte ich Handlungen und Aussagen meines Gegenübers anders. Erstaunlicherweise hat fast jeder etwas Wertvolles zu sagen oder öffnet mir neue Horizonte.

Durch mein Gehirntraining werden mir meine Gedanken und Emotionen immer klarer. Das zu erreichen ist keine Selbstverständlichkeit. Das liegt an unserem Gehirn. Emotionen werden teilweise im limbischen System gebildet. Dieser Teil des Gehirns ist in einer frühen Phase der Evolution entstanden. Im limbischen System entwickelte Emotionen sind nur schwer differenziert wahrzunehmen oder zu beschreiben – sie bewusst zu verändern ist dann ausgeschlossen. Erst wenn die Hirnrinde – auch Kortex genannt – ebenfalls aktiv ist, wird es möglich, Emotionen bewusst wahrzunehmen. Die Hirnrinde ist in der Evolution des Menschen später entstanden. Meditation trainiert die Hirnrinde in besonderem Maße. Und je besser die Hirnrinde trainiert ist und je mehr neuronale Verknüpfungen in ihr bestehen, umso leichter ist es, Gefühle bewusst wahrzunehmen und zu benennen.[40]

Doch nicht nur Meditation trainiert die Hirnrinde und lässt neue Verknüpfungen entstehen. Jedes Mal, wenn man es schafft, Gefühle zu definieren, entstehen weitere Vernetzungen.

Aus der Wissenschaft:

Phobien im Kopf

Wie Emotionen erlebt werden, hängt vor allem von der Aktivität des präfrontalen Kortex ab. Dies zeigt eine Studie mit Personen, die an Spinnenphobie litten. Durch regelmäßigen Kontakt mit den Tieren und bewusst gewählte Gedanken, die der Angst entgegenwirkten, überwanden die Patienten ihre Angst. Anschließend wurden ihre Gehirne untersucht. Die Scans überraschten die Wissenschaftler, denn das limbische System, in dem Angst entsteht, war bei den Probanden nach der erfolgreichen Therapie weiterhin gleich stark aktiv. Verändert hatte sich vor allem die Aktivität des präfrontalen Kortex: Er war aktiver als vor der Therapie. Das bedeutet: Der alte Teil des Gehirns, das limbische System, reagiert auf die Spinnen in gleicher Weise. Doch empfinden die betroffenen Personen die Angst nicht mehr, da die neuen Gedanken, die im präfrontalen Kortex entstanden, der Angst entgegenwirken. Die Probanden haben also gelernt, die Situation anders zu bewerten und die Gefahr anders einzuschätzen.[41]

In der Studie brauchten die Probanden den direkten Kontakt mit den Spinnen und mussten zusätzlich neue Gedanken trainieren. Mir zeigt das: Reines Einpflanzen von Gefühlen hat seine Grenzen. Wer an einer Spinnenphobie leidet oder wie ich Angst hat, sich nicht wehren zu können, der kann sich so viele positive Gefühle einpflanzen, wie er will. Das Unterbewusstsein reagiert nicht darauf, und daher wird sich an der

Angst nichts ändern. In solchen Fällen ist Handeln die richtige Maßnahme. Wer während des Handelns neue Erfahrungen sammelt, wer beispielsweise 100-mal erlebt hat, dass eine normale Spinne ungefährlich ist, der kann irgendwann anders denken und fühlen.

Gehirntraining: Gedankliche Klarheit schaffen

Ordnung schaffen ist eine lebenslange Aufgabe. Je mehr du dir deiner Gedanken und Gefühle bewusst bist, umso leichter kannst du sie verändern. Das bedeutet auch, unangenehme Gefühle zuzulassen. Denn erst wenn man sie bewusst wahrnimmt, kann man sie ändern.

20 Achtsames Aufräumen

So wird's gemacht: Konzentriere dich beim Aufräumen und Putzen auf die Gegenstände, die du berührst. Frage dich immer wieder: Wie fühlt sich der Gegenstand an? Und: Was empfinde ich, wenn ich den Gegenstand berühre?
Trainingsmöglichkeiten: während des Putzens, Aufräumens, Spülens und während des Ausräumens der Spülmaschine.
Tipp: Überprüfe, ob dir das Aufräumen und Putzen leichter fällt, wenn du es auf die beschriebene Art machst. Indem du achtsam putzt und aufräumst, nutzt du die Zeit für dein Gehirntraining.

21 Art der Gedankenwiederholungen

So wird's gemacht: Frage dich zwischendurch, was genau du gerade denkst und ob es ein Gedanke ist, den du häufig wiederholst. Überprüfe, ob der Gedanke förderlich oder hinderlich ist. Falls er hinderlich ist, denk an etwas Positives und wiederhole diesen Gedanken so häufig wie möglich.
Trainingsmöglichkeiten: zwischendurch, während aller Tätigkeiten, die nicht die volle Konzentration benötigen.
Tipp: Verändere die hinderlichen Gedanken in kleinen Schritten. Wenn du beispielsweise häufig denkst, dass dir nichts gelingt, dann konzentriere

dich zunächst auf die Dinge, die dir in den letzten Stunden gelungen sind, bevor du dir selbst erzählst, dass dir alles gelingt. Langsam beziehst du noch mehr Faktoren mit ein, die belegen, was dir alles gelingt. Wenn du in zu großen Schritten vorgehst und einen Gedanken wiederholst, von dem du nicht hundertprozentig überzeugt bist, wird das Training nicht funktionieren.

22 Glaubenssätze enttarnen

So wird's gemacht: Definiere eine Situation in deinem Leben, mit der du unzufrieden bist. Überlege, ob es einen negativen Glaubenssatz gibt, der dieser Unzufriedenheit entspricht. Such dann nach Erfahrungen, die den Glaubenssatz widerlegen. Formuliere schließlich einen positiven Glaubenssatz und schreib ihn auf.

Trainingsmöglichkeiten: in deiner Freizeit. Nimm dir für dieses Gehirntraining genug Zeit.

Tipp: Betrüge dich mit deinen positiven Glaubenssätzen nicht selbst. Du musst von ihnen überzeugt sein, ansonsten wirken sie nicht. Wenn es dir nicht sofort gelingt, an das absolute Gegenteil zu glauben, verändre deine Glaubenssätze in kleinen Schritten. Wenn du beispielsweise den Glaubenssatz hast, dass du ein Außenseiter bist, dann stell dir nicht sofort vor, dass dich alle bewundern. Verdeutliche dir zunächst lieber deine guten Kontakte – dass du genauso wie andere von einigen Personen durchaus gemocht wirst.

23 Gefühle einpflanzen

So wird's gemacht: Nimm dir, bevor du etwas machst vor, wie du dich währenddessen fühlen möchtest. Sobald du dich nicht mehr so fühlst, versuche, das Gefühl wiederzuerlangen.

Trainingsmöglichkeiten: immer wenn dir ein Gefühl unangenehm ist und du es gerne verändern möchtest.

Tipp: Auch hier ist es wichtig, realistisch zu bleiben und in kleinen Schritten vorzugehen.

Kampfsport gegen Asthma

Seit der Geburt leide ich an Asthma, Neurodermitis und Allergien. Meine Erkrankungen trugen u. a. dazu bei, dass sich mein Vater von der Schulmedizin abwandte und nach besseren Lösungen suchte. Heute habe ich weniger Probleme, als es die Schulmedizin vorhersagte, doch das Asthma bin ich bislang nicht los.

In den letzten vier Jahren krempelte ich mein Leben um. Durch meinen neuen Lebensstil erübrigt sich das Rauchen von selbst. Früher belohnte ich mich mit einer Zigarette. Egal, ob es nur eine Autofahrt oder das Schreiben eines Forumseintrags war. Heute habe ich nicht mehr das Gefühl, mich belohnen zu müssen. Der Auslöser, der mich zur Zigarette greifen ließ, ist verschwunden. Mittlerweile bin ich nicht nur durchtrainierter Nichtraucher, ich habe auch weiter in meinem Leben aufgeräumt: Beispielsweise stieg ich aus der IT-Firma aus. Ich habe meinen Master in der Tasche und schreibe eine Doktorarbeit, in der ich mich mit der Frage beschäftige, wie Entscheidungen getroffen werden. Ich bin stolz auf das Leben, das ich mir geschaffen habe, doch ganz zufrieden bin ich nicht. Und ich habe immer noch Asthma sowie in bestimmten Situationen Angst.

Meine Asthmaanfälle fühlen sich so an, als ob ich normal atmen möchte, aber nur Luft durch einen Strohhalm bekomme. Die Luft reicht nicht aus, und der wenige Sauerstoff, der in die Lunge gelangt, dringt nicht tief genug ein. Es fühlt sich an, als ob mir jemand ein

Korsett angezogen hat, es immer fester zuzieht und mir gleichzeitig schwere Steine auf den Brustkorb legt. Ich habe Angst vor Asthmaanfällen.

So habe ich z. B. auch Angst vor Orten, die ich nicht kenne, insbesondere Hotels. Häufig werden dort Reinigungsmittel mit aggressiven Inhaltsstoffen verwendet, auf die ich mit Asthma reagiere.

Nicht immer bekomme ich einen Anfall. Doch die Situationen, in denen es passierte, reichten aus, dass sich die Angst tief in mein Unterbewusstsein eingrub. Wenn ich fremde Räume betrete, frage ich mich oft, ob ich mein Asthmaspray dabeihabe. Wenn nicht, frage ich mich, wo sich die nächste Apotheke befindet – obwohl das ein sinnloser Gedanke ist. Denn ich würde ohne Rezept kein Spray erhalten, und Rezepte trage ich nie mit mir herum. Keine Frage: Was sich da in meinem Kopf abspielt, ist Angst. Und die hat meist nichts mit Rationalität zu tun.

Asthma und Angst

Wenn ich einen Asthmaanfall habe, denke ich, dass ich ersticke. Sage ich mir, dass ich bislang noch nie an einem Asthmaanfall erstickt bin, nimmt mir das aber nicht die Angst. Ich habe weiterhin das Gefühl, ich könnte sterben. Und ich habe nicht nur während eines Anfalls Angst, sondern die Angst schwingt im Hintergrund fast immer mit. Angst vor einem eventuellen Anfall!

Ich bin besonders ängstlich in Situationen, in denen ich das Gefühl habe, mich nicht wehren zu können. Ich glaube, mein Asthma trug mit dazu bei, dass ich dieses Gefühl entwickelt habe. Denn dem Asthma bin ich bislang hilflos ausgeliefert. Um mich meiner Angst zu stellen, beschließe ich, Kampfsport zu treiben. Den Gedanken trage ich seit fast zehn Jahren mit mir herum. Es wird nun Zeit, ihn in die Tat umzusetzen. Damit katapultiere ich mich in eine Situation, die mich aufs Höchste herausfordert. Das ist nämlich in etwa so, als würde jemand mit einer Spinnenphobie anfangen, Vogelspinnen zu züchten.

Aus der Wissenschaft:

Die Asthma-Angst-Verbindung

Wissenschaftler aus Italien und Großbritannien untersuchten 96 Erwachsene, die an Asthma litten, sowie 96 gesunde Personen. Alle Probanden wurden medizinisch untersucht und mussten klinisch erprobte Fragebögen zur Feststellung von Angststörungen und Depression ausfüllen. Weiterhin wurden Daten zu ihren allgemeinen Lebensumständen erhoben.

Es zeigte sich ein signifikanter Zusammenhang zwischen Asthmaerkrankungen und dem vermehrten Auftreten von Angststörungen. Die Wahrscheinlichkeit, dass beide Erkrankungen zusammen auftraten, stieg mit zunehmendem Lebensalter. Wer besonders stark an Asthma litt, zeigte häufiger Angststörungen als jene, die seltener und schwächere Anfälle erlitten. Die Wissenschaftler fanden zudem lediglich einen Zusammenhang zwischen Asthma und Angst, jedoch keinen zwischen Asthma und Depressionen oder anderen psychischen Problemen.

48 Prozent der untersuchten Personen litten zuerst an Asthma und entwickelten daraufhin eine Angststörung. 52 Prozent waren zuerst an einer Angststörung erkrankt und entwickelten später Asthma. Die Wissenschaftler schließen daraus, dass ein Zusammenhang in beiden Richtungen gegeben ist. Wer an Asthma leidet, besitzt ein erhöhtes Risiko, im Verlauf seines Lebens eine Angststörung zu bekommen. Die Angst vor dem Ersticken wird zum täglichen Begleiter. Und wer an einer Angststörung leidet, entwickelt eher Asthma als Menschen ohne Angststörung. Denn während Angstattacken flacht die Atmung ab. Betroffene bekommen nicht mehr genug Luft. Bis zum Asthmaanfall ist der Weg nicht mehr weit. Dabei verstärken sich Angst und Asthma über die Jahre noch gegenseitig. Jeder Asthmaanfall kann die Angststörung verschlimmern. Und die Angst vor dem nächsten Anfall oder während eines Anfalls kann Asthmaanfälle schließlich häufiger und heftiger auftreten lassen.[42]

Über der Unsicherheit stehen

Mein erstes Training: Umkleidekabinen und körperlichen Kontakt im Sport habe ich nie gemocht. Aber da muss ich durch, schließlich will ich Kampfsportler werden. Alle anderen Mitglieder des Clubs beherrschen den Sport bereits, zumindest die Grundlagen. Ich bin der einzige Anfänger. Die anderen kennen sich zudem untereinander, ich bin der Neue, der Unbekannte. Ich bin unsicher. Oder anders ausgedrückt: Ich habe Angst. Ich mag Unsicherheit und Angst nicht. Gegen meine Angst helfen mir Meditation und Nachdenken aber nicht. Ich muss neue Erfahrungen sammeln, um die Angst loszuwerden. Mir kann nur aktives Handeln helfen – indem ich mich selbst meiner Angst stelle.

Das Brazilian-Jiu-Jitsu-Training beginnt. Eine Stunde lang lernen wir Bewegungsabläufe, die für die Kämpfe benötigt werden. Der Trainer macht einen Wurf, einen Würgegriff oder einen Armhebel vor. Ich sehe zu und denke: Es sieht einfach aus. Doch als ich es nachmachen möchte, wird mir die Komplexität der Bewegungsabläufe bewusst. Ich weiß nicht mehr, wie genau ich die rechte Hand bewegen muss oder wo ich meinen Gegner festhalten soll. Ich kann nichts, selbst die simpelsten Übungen fallen mir schwer. Die anderen haben die Bewegungsabläufe schon häufig wiederholt, bei ihnen sehen sie harmonisch aus. Es ist anstrengend. Ich mache weiter. In der zweiten Stunde des Trainings wird gekämpft. Ich trete gegen einen 14-jährigen Jungen an und verliere, obwohl ich größer und stärker bin. Er beherrscht die Hebel, die mich zu Fall bringen. Ich muss mich beherrschen, um nicht zu denken: Ich bin der, der nichts kann, der Loser. Denn so würde ich nur noch unsicherer werden und mich total unwohl fühlen. Lieber denke ich: Wie cool, du hast dich überwunden und wirst endlich Kampfsportler. Dann bin ich eher stolz auf mich, auch wenn ich noch nichts kann. Diese Gedanken machen mir Mut und stimmen mich positiv. Nach dem Kampf stelle ich mir vor, wie ich in einem halben Jahr kämpfen werde. Das motiviert mich ebenfalls.

Ich lerne nicht nur Brazilian Jiu Jitsu, sondern zusätzlich Muay Thai, das auch Thaiboxen genannt wird. Die Kombination aus diesen beiden Kampfsportarten soll besonders gut sein. Ich wollte nie jemanden schlagen, und jetzt lerne ich mehrmals die Woche, wie ein Boxer richtig zuschlägt. Ein wichtiger Aspekt der Kampfsporttradition ist der Respekt vor dem Gegner – das liegt mir sehr. Der Kampf tut weh, doch es gilt ja das Gebot, den Gegner nicht zu verletzen. Ich komme immer wieder an mein körperliches Limit.

Von Woche zu Woche und Monat zu Monat werde ich besser, das Training macht mir immer mehr Spaß. Vor allem: Mein Asthma ist weg! Das ist erstaunlich, denn beim Bodenkampf im Brazilian Jiu Jitsu kommt es oft zu Situationen, in denen mein Gegner auf meine Brust drückt. Für Asthmatiker ein fürchterliches Gefühl. Aber jetzt nicht mehr für mich: Die Angst ist weg. Auch das Schwitzen und das tiefe Atmen sind für Asthmatiker unangenehm. Mir macht es nichts mehr aus.

Im Grunde genommen verordnete ich mir mit dem Kampfsport eine Art Expositionstherapie. Es handelt sich dabei um eine Methode der kognitiven Verhaltenstherapie, bei der nicht in Kindheitserinnerungen gekramt oder nach anderen Auslösern gesucht wird.

In der Expositionstherapie hat der Ursprung eines Problems keine Bedeutung. Wichtig ist das Handeln in der Gegenwart.

Der Fokus liegt auf der Veränderung des Verhaltens, zuvor wird allerdings das Problem möglichst genau identifiziert.[43] Bei mir ging es um die Angst, mich nicht wehren zu können. Ich setzte mich meiner Angst aus, indem ich anfing, Kampfsport zu treiben. Eventuelle Gefahren, die von diesem Sport ausgehen könnten, stufte ich rational aber als gering ein. Das Training ist organisiert, die Trainer wissen, was sie tun, und passen auf, dass nichts Ernsthaftes passiert.

Nach einem Dreivierteljahr Kampfsport mehrmals wöchentlich beherrsche ich die Grundtechniken des Brazilian Jiu Jitsu und den Basisschlag im Thaiboxen. Wieder einmal wird mir klar: Wenn ich ein Ziel erreichen möchte, ist es nicht ausschließlich eine Frage des Talents, sondern vor allem eine Frage des Trainings und Durchhaltens. Ich bin weit von der Meisterschaft entfernt, aber ich werde weitertrainieren.

Mit dem Kampfsport habe ich nicht nur gelernt, mich aktiv zu verteidigen, ich habe auch mein Asthma besiegt und leide generell weniger an Angst. Die Angst saß so tief, dass ich sie durchs Umdenken nicht bezwang. Um sie wirklich zu vertreiben, musste ich handeln.

Gehirntraining: Erfolgsgedanken

Es ist faszinierend, wie trainierbar das Gehirn ist. Keine deiner großen Sorgen oder Probleme werden ewig bestehen, wenn du deine Gedanken in passender Weise veränderst. Denn viele Probleme oder Sorgen entstehen nicht durch externe Ereignisse, wie schwere Erkrankungen oder Todesfälle. Wir leiden am meisten an unseren eigenen Gedanken. Oft wandern sie ungehindert umher. Sie kritisieren, sind mit erbrachten Leistungen nicht zufrieden, haben an anderen Menschen etwas auszusetzen. Einige dieser gedanklichen Muster sind tief ins Unterbewusste eingegraben. Manche ändern sich, wenn wir gedanklich gegensteuern. Andere ändern sich erst, wenn wir bewusst andere Erfahrungen machen, die im Gegensatz zu den eingefahrenen Mustern stehen. In manchen Fällen einer erwünschten Veränderung von eingefahrenen Gedankengängen ist es allerdings notwendig, sich echten Herausforderungen zu stellen.

24 *In Gedanken gewinnen*

So wird's gemacht: Vor einem Wettkampf, einer beruflichen Herausforderung oder einer Prüfung stellst du dir vor, wie du die Situation bereits erfolgreich gemeistert hast. Jedes Mal, wenn Zweifel aufkommen, kehrst du wieder zu deinen positiven Gedanken zurück.

Trainingsmöglichkeiten: vor einem Wettkampf, während beruflicher Projekte, vor Prüfungen.

Tipp: Sei vorsichtig mit dem, was genau du dir vorstellst, denn du musst auch unterbewusst davon überzeugt sein. Wenn du übertreibst, funktioniert es nicht. Gehe gedanklich zunächst besser in kleinen Schritten vor, und erlebe kleinere Erfolge. Wenn du dir zu viel ausmalst, steigt die Gefahr eines Misserfolgs. Schließlich vergrößerst du schrittweise deine Erfolgsvorstellungen.

25 *Sich den Problemen stellen*

So wird's gemacht:

1. Such dir eins deiner Probleme aus, das du gerne lösen möchtest.
2. Überlege, welcher Situation du dich aussetzen solltest, um dich mit dem Problem zu konfrontieren.
3. Such dir eine Möglichkeit, durch die du dich in einem sicheren Rahmen mit diesem Problem konfrontieren kannst.
4. Überlege, welche Gedanken mit zu deinem Problem beitragen und wie du sie verändern kannst, um das Problem zu lösen.

Trainingsmöglichkeiten: wenn dir ein Problem bewusst ist und du es lösen möchtest.

Tipp: Nimm dir für dieses Training ausreichend Zeit. Je nachdem, wie groß dein Problem ist, je nachdem, welchen Situationen du dich aussetzen möchtest, um dich mit deinem Problem zu konfrontieren, kann es Monate bis Jahre dauern, bis du dein Problem komplett gelöst hast. Erste Verbesserungen sollten allerdings schon nach einigen Wochen ersichtlich sein. Wenn nicht, denke von Neuem nach, welchen Herausforderungen du dich am besten stellen solltest und welche Gedanken dir helfen können, dein Problem zu lösen.

Gelassenheit durch Quantenphysik

Seit meiner Kindheit interessiere ich mich für Physik. Nicht verwunderlich, denn in unserer Verwandtschaft wimmelt es von Physikern. Wenn sie damit anfingen, über die Welt und das Universum zu sprechen, war ich fasziniert. Mit 14 Jahren las ich das Buch »Schrödingers Kätzchen und die Suche nach der Wirklichkeit« von John Gribbin. Seitdem lässt mich die Frage »Was ist wirklich?« nicht mehr los.

Unseren Gedanken können wir nicht hundertprozentig trauen. Sie entsprechen nicht der Realität, in der wir leben, sondern eher einem Konzept von Realität, das wir aufgrund unserer Erfahrungen geschaffen haben.

Leider können wir unseren Sinnesorganen und den Informationen, die sie zur Weiterverarbeitung ans Gehirn schicken, ebenso wenig trauen. Vieles, was wir sehen, hören, riechen, schmecken oder ertasten, filtert das Gehirn heraus. Es konzentriert sich dabei auf die wesentlichen Informationen. Wesentlich sind die Fakten, die unserem Überleben und unserer Fortpflanzung dienen.

Zu den Gedanken und gefilterten Sinneseindrücken kommt wahrscheinlich eine weitere Quelle des Irrtums: Unsere Sinnesorgane sind nicht in der Lage, die Realität völlig richtig wahrzunehmen. Nach den Erkenntnissen der modernen Physik entspricht die eigentliche Realität nicht unserem täglichen Erleben.

Die Unzulänglichkeit der menschlichen Sinne

Unsere Sinnesorgane und die Verarbeitung der Sinneseindrücke im Gehirn spiegeln die Realität oft etwas falsch wider. Ein Beispiel dafür sind optische Täuschungen.

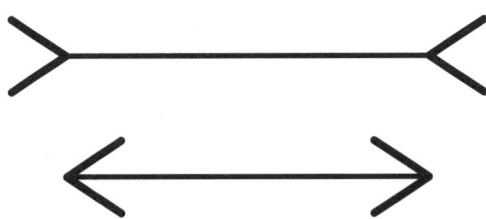

Der obere horizontale Strich erscheint länger als der untere, doch sie sind gleich lang. Interessanterweise registriert das Gehirn den oberen Strich weiterhin als länger, selbst wenn man weiß, dass die Striche gleich lang sind. Das ist typisch für optische Täuschungen. Sie verschwinden nicht, wenn man sich ihrer bewusst ist. Sie entstehen aufgrund der speziellen Zusammenarbeit zwischen Sinnesorganen und Gehirn. Nur durch das Zusammenwirken begreift der Mensch, was er sieht, riecht oder schmeckt. Ohne die Analyse im Gehirn würden beispielsweise die Augen nur Bilder abbilden – wie ein Fotoapparat. Den Bildern könnte dann keine Bedeutung zugeordnet werden. Ein Apfel würde als rundliches Ding registriert, nicht als Apfel. Die Zusammenarbeit zwischen Sinnesorganen und Gehirn ist daher essenziell. Allerdings arbeitet das System nicht fehlerfrei, wie das Beispiel der optischen Täuschung zeigt.

Die Augen sammeln die Informationen noch wahrheitsgetreu. Doch handelt es sich dabei um solch große Mengen, dass sie den Verstand überfordern würden. Daher analysiert das Gehirn die eintreffenden Informationen auf Grundlage bisheriger Lebenserfahrungen.

Das Bild, das wir dann sehen, ist konstruiert. Es bildet nicht komplett die Wirklichkeit ab. Je nachdem, welche bisherigen Erfahrungen im Gehirn gespeichert sind, werden bestimmte Bereiche der abgebildeten

Realität hervorgehoben oder vernachlässigt. Jeder Mensch sieht daher ein Objekt oder eine Szene leicht anders. Denn jeder Mensch verfügt über einen anderen Erfahrungsschatz. Das Gleiche gilt für das Riechen, Schmecken, Hören und Tasten.

Hat jemand beispielsweise nie zuvor giftige Raupen gesehen, stechen ihm die Tiere weniger stark ins Auge als jemandem, der das Gift der Raupen schon einmal gespürt hat oder zumindest von der Gefahr weiß. Nicht nur der Fokus der beiden Personen unterscheidet sich, sondern auch ihre Interpretation. Daher empfinden sie in der gleichen Situation Unterschiedliches. Der eine ist vielleicht neugierig auf die Raupen, der andere wird etwas Angst bekommen oder zumindest das Gefühl haben, sich vorsichtig verhalten zu müssen. Und aufgrund der unterschiedlichen Interpretationen werden sich die beiden Personen wahrscheinlich auch unterschiedlich verhalten. Der Raupenkenner wird hoffentlich einen großen Bogen um die Tiere machen. Der Unerfahrene läuft Gefahr, die Tiere aus Neugierde zu berühren. Dieses Beispiel zeigt, wie das Gehirn durch die Verknüpfung von Bildern mit gespeicherten Erfahrungen Situationen effizient einschätzen und passende Reaktionen auslösen kann. Dabei kann es jedoch zu Fehlinterpretationen kommen. Doch die Vorteile des Systems überwiegen gegenüber den Nachteilen.

Den Vorteil kannst du jetzt testen, indem du die nächsten Zeilen liest:

Gsmäes eenir Sutdie der Uvseritnäit Cmabrigde slpiet die Rhfonielege der Bstuecnbhan eneis Wtores kniee Rlole, das ezing Wthcigie ist, dsas der etsre und der lzttee Bchastuebe am rtichgein Ptalz snid. Der Rset knan in enier alutosben Udornunng sien, und man knan es dconneh onhe Pmoblree lseen. Deis kmomt dhaer, dsas das meclhsenlhice Gheirn nhict die ezinlenn Bbstuhcaen slebst, sndoern das Wrot als Geznas lesit.

Der Buchstabensalat ergibt für unseren Verstand Sinn!

Denn die Bilder der Wörter werden blitzschnell mittels der im Gehirn gespeicherten Erfahrungen analysiert. Wenn der Verstand bereits millionenfach das Wort »Buchstaben« erfassen musste, ist es für ihn unproblematisch, wenn die Buchstaben nicht mehr in der richtigen Reihenfolge angeordnet sind.

Leseanfänger können den Text nicht lesen, denn sie erfassen Wörter durch das Zusammenziehen einzelner Buchstaben. Insgesamt sind in ihren Gehirnen weniger Erfahrungen gespeichert, wodurch sie vieles anders sehen. Viele Kinder werden auch nicht durch die angeblich unterschiedlich langen Striche getäuscht. Dies liegt vor allem daran, dass Kinder Objekte eher isoliert betrachten.[44]

Insgesamt lässt sich sagen: Je mehr visuelle Erfahrungen das Gehirn über die Jahre sammelt, umso mehr verändern sich die konstruierten Bilder, die wir für die Wirklichkeit halten.

Da das Gehirn zur Analyse auf gespeicherte Erfahrungen zurückgreift, leben wir nicht nur in der Gegenwart, sondern zusätzlich immer auch etwas in unserer persönlichen Vergangenheit. Einige gespeicherte Informationen sind hilfreich, wie das Raupenbeispiel zeigt. Andere sind es nicht. Wenn im Gehirn beispielsweise Brot als wertvolles Lebensmittel gespeichert ist, wird diese Information unbewusst beim Anblick von Brot immer mitschwingen. Doch können wir diese Information auch umprogrammieren. Dazu müssen wir nur jedes Mal, wenn wir Brot sehen, bewusst einen anderen Gedanken wählen.

Sinneseindrücke und deren Analyse unterscheiden sich von Person zu Person. Zusätzlich können sie sich im Verlauf des Lebens ändern. Das führt zu folgendem Fazit:

Die eine, die einzig wahre Realität gibt es nicht.

Die Unvollständigkeit der Physik

Jeder Mensch erfasst eine etwas andere Realität. Doch es kommt noch erstaunlicher: Unsere Sinne können große Teile der Realität überhaupt nicht wahrnehmen! Mit bloßem Auge sehen wir keine Atome, Elektronen oder Moleküle. Die Lichtgeschwindigkeit kann nicht direkt erfasst werden, und wir haben kein Sinnesorgan, das magnetische Strahlungen erkennt. Selbst mit neuester Technologie können wir weder ans Ende des Universums blicken (wenn es das überhaupt gibt) noch die kleinsten Partikel sehen, aus denen Atome aufgebaut sind.

Da uns spezielle Sinnesorgane fehlen, um auf direktem Weg zu erkennen, wie unser Universum entstanden ist und nach welchen Gesetzmäßigkeiten es funktioniert, arbeiten Physiker mit Modellen, Experimenten und Theorien. Bislang gibt es jedoch keine allgemeingültige, schlüssige Erklärung. Es gibt Teiltheorien, die alle ihre Berechtigung haben.

Die allgemeine Relativitätstheorie und die Theorie der Quantenmechanik liefern derzeit die besten Erklärungen. Die allgemeine Relativitätstheorie ist ein Modell, das für große Objekte gute Vorhersagen trifft. Die Theorie der Quantenmechanik ist ein Modell für außerordentlich kleine Objekte, wie beispielsweise Atome. Sie trifft z. B. gute Vorhersagen, wie sich die Partikel innerhalb eines Atoms verhalten. Beide Theorien beschreiben Teile unseres Universums, beide liefern Vorhersagen, die durch Versuche bestätigt werden. Doch die Theorien widersprechen sich inhaltlich. Eine der Hauptanstrengungen der heutigen Physik ist die Suche nach dem fehlenden Glied, das sie vereint.[45]

Folgende Geschichte beschreibt das Problem der Physik: Zwei blinde Zoologen erforschen eine Katze. Der eine untersucht die Schnauze. Nach seiner Untersuchung weiß er, die Schnauze hat zwei Löcher, ist glatt und hat eine Einkerbung zwischen den beiden Löchern. Er verspürt einen leichten Luftstrom, der in die Löcher eindringt und wieder entweicht. Der andere blinde Wissenschaftler untersucht den Schwanz. Er weiß nach seiner Untersuchung, wie sich der Schwanz bewegt, dass er behaart, lang und dünn ist. Die blinden Zoologen entwickeln jeweils ihre Theorie zur Katze und kommen zu verschiedenen Ergebnissen. Trotzdem sind beide Theorien richtig. Doch die Wissenschaftler haben das Gesamtphänomen der Katze nicht begriffen. Sie haben somit nur Teiltheorien erdacht. Genau das ist das Problem der momentanen Physik.

Wir können die allgemeine Relativitätstheorie mit der Theorie über die Schnauze und die Quantenmechanik mit der Theorie über den

Schwanz vergleichen. Die Physik hat bis heute viele Teilbereiche erforscht, aber ihr fehlt ein Gesamtbild, das alle Teiltheorien beinhalten kann. Trotz bemerkenswerter wissenschaftlicher Erkenntnisse ist der Mensch immer noch recht ahnungslos. Es ist weder eindeutig und umfassend geklärt, wie das Universum entstand, noch nach welchen Regeln es funktioniert.

Einige Physiker sind der Meinung, das materialistische Weltbild müsse um etwas, was keine Materie hat, ergänzt werden. Durch diese Ergänzung wären die Teiltheorien vereinbar.[46]

Moderne Physik kontra menschliche Erfahrungen

Täglich erleben wir, wie Gravitation, Zeit und Raum wirken. Lasse ich beispielsweise um 18.03 Uhr ein Glas auf den Boden meiner Küche fallen, werde ich die Scherben etwas später zusammenkehren. Die Gravitation hat das Glas auf den Boden gezogen. Der Küchenboden ist Teil der räumlichen Ausdehnung der Erde, und die Zeit verstreicht. Die Zeit läuft niemals rückwärts, das Glas wird sich nicht wieder in seiner ursprünglichen Form zusammenfügen. So empfinden wir unsere Welt.

Nach Albert Einstein ist Gravitation keine eigenständig wirkende Kraft. Zusätzlich postuliert die moderne Physik, Raum und Zeit seien nicht getrennt, es handle sich um nur eine Dimension, die Raumzeit. Der Mensch nimmt die Raumzeit trotzdem als zwei Größen wahr – als Raum und Zeit.

Lange Zeit ist die Physik davon ausgegangen, die Raumzeit sei flach – was immer das für den normalen Menschen heißen mag. Da uns die Sinne für eine flache Raumzeit fehlen, können wir sie uns nur schwer vorstellen. Physiker haben das gleiche Problem, daher arbeiten sie größtenteils mit mathematischen Formeln und geometrischen Modellen (eben auch für die Raumzeit).

Einstein behauptete, die Raumzeit müsse gekrümmt sein und die Krümmung wirke auf die Körper in ihr. Wenn sich ein Körper, wie mein Glas, durch die Raumzeit bewegt, beeinflusst das Glas die Krümmung der Raumzeit, und andersherum beeinflusst die Krümmung der Raumzeit die Bewegung des Glases. Laut Einstein zieht nicht die Gravitation mein Glas auf den Boden, sondern die Krümmung der Raumzeit führt zur Anziehung zwischen meinem Glas und dem Boden. Wobei das Glas wie gesagt auf die Krümmung der Raumzeit wirkt. Nach diesem Modell gibt es weder Gravitation noch Zeit noch Raum, sondern nur Raumzeit und ihre Krümmung. Ich kann aber keine Raumzeit und keine Krümmung wahrnehmen, während ich die Scherben aufkehre. Die gekrümmte Raumzeit wurde von Albert Einstein nur theoretisch entwickelt. Erst 2005 konnte sie wissenschaftlich nachgewiesen werden.[47]

Es wird noch abstruser: Nach der allgemeinen Relativitätstheorie hat die Raumzeit vier Dimensionen, und alle Körper bewegen sich durch sie immer auf geraden Linien. Was wir erleben, sieht anders aus: Wir nehmen Körper in einem dreidimensionalen Raum wahr, und sie bewegen sich auf gekrümmten Linien. Bei Schiffen oder Flugzeugen, die lange Strecken zurücklegen, ist diese Krümmung klar ersichtlich. Schließlich ist die Erde ja rund. Sollten sie sich auf geraden Linien bewegen, würden sie im Weltall landen. Laut Physik täuscht uns aber unsre Wahrnehmung. Körper bewegen sich auf geraden Linien, doch nicht durch einen dreidimensionalen Raum, sondern durch die Raumzeit mit vier Dimensionen. Schwer vorstellbar! Jedoch gibt es genügend wissenschaftliche Beweise, die belegen, dass sich Körper tatsächlich so bewegen, wie die Physiker behaupten. Und nicht, wie wir es wahrnehmen.[48]

Ein weiteres Phänomen, dessen Erklärung sich unserer Wahrnehmung entzieht, ist das Doppelspaltexperiment. Es wurde 1802 entwickelt und sollte den Streit hinsichtlich der Natur des Lichts beenden. Man wollte eine klare Antwort finden, ob Licht aus Partikeln oder aus Wellen besteht.

Der Aufbau des Experiments sieht wie folgt aus:

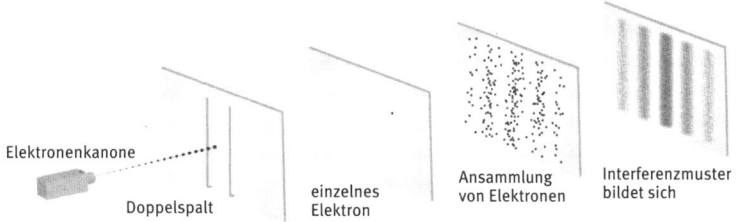

Elektronenkanone

Doppelspalt

einzelnes
Elektron

Ansammlung
von Elektronen

Interferenzmuster
bildet sich

Von einer Quelle strahlt Licht auf eine Blende mit zwei feinen, eng nebeneinanderliegenden Schlitzen. Das ist der berühmt gewordene Doppelspalt. Hinter der Blende (mit etwas Abstand) befindet sich ein ebener Schirm. Die Strahlen, die durch die Spalten gelangen, treffen auf den Schirm, wo sie registriert werden.

Würde Licht nur aus Teilchen bestehen, wären auf dem Schirm lediglich zwei helle Streifen zu sehen. Doch das Experiment liefert ein anderes Bild: Auf dem Schirm erscheinen mehr als zwei Streifen. Die zentral gelegenen sind heller als jene, die weiter außen liegen. Das spricht dafür, dass Licht aus Wellen besteht. Allerdings zeigt sich ein anderes Muster, wenn auf dem Schirm Teilchen gemessen werden. Dann bestätigt dasselbe Experiment den Teilchencharakter des Lichts. Heute sagt die Physik dazu: Die Frage, ob Lichtquanten oder Elektronen aus Teilchen oder Wellen bestehen, lasse sich nicht beantworten.

Im Alltagsleben merken wir nur, ob es heller oder dunkler wird. Unsere Sinnesorgane stellen nicht fest, woraus Licht besteht – ob es sich um Teilchen, Wellen oder etwas anderes handelt.

Objekte, die sich weder Teilchen noch Wellen zuordnen lassen, heißen Quantenobjekte. Typisch für sie ist, dass sich ihre Eigenschaften nicht zeitgleich messen lassen. Nehmen wir an, ich hätte einen Quantenobjekt-Ball in meiner Wohnung. Ich möchte wissen, wo er sich befindet und wie er sich bewegt (Impuls). Daher führe ich Messungen durch. Wenn ich feststelle, wo der Ball ist, kann ich nicht gleichzeitig auch den Impuls bestimmen. Und wenn ich den Impuls messe, kann ich nicht feststellen, wo der Ball ist.

Das Beispiel hat einen Haken. Die bislang größten bekannten

Quantenobjekte bestehen aus einigen Hundert bis Tausend Atomen. Bei größeren Objekten wie meinem Ball konnte das Phänomen bislang nicht nachgewiesen werden.

Im täglichen Leben merken wir nichts davon. Obwohl unser Körper aus Atomen aufgebaut ist, die wiederum Elektronen enthalten, die sich genauso wie der imaginäre Quantenobjekt-Ball in meiner Wohnung verhalten! Es ist unmöglich, Impuls und Ort eines Elektrons gleichzeitig zu bestimmen. Das liegt nicht an unzureichenden Messtechniken, sondern ist prinzipieller Natur. Das Phänomen ist als Heisenbergsche Unschärferelation bekannt.

Ich finde die Vorstellung unglaublich, dass unsere Körper aus kleinsten Teilchen aufgebaut sind, deren unterschiedliche Eigenschaften sich nicht gleichzeitig messen lassen!

Es gibt weitere Phänomene, die unseren täglichen Erfahrungen widersprechen: z. B. die spukhafte Fernwirkung (von Albert Einstein so genannt), die ebenfalls nur bei Quantenobjekten vorkommt. Stellen wir uns wieder den Quantenobjekt-Ball in meiner Wohnung vor. Zusätzlich habe ich einen Freund in Australien, der ebenfalls einen Quantenobjekt-Ball besitzt. Ich will wissen, welche Farbe mein Quantenobjekt-Ball hat. Er kann entweder gelb oder blau sein. Das Gleiche gilt für den Ball meines Freundes: Auch er ist entweder gelb oder blau. Solange weder ich die Farbe meines Balls bestimmt habe noch mein Freund die seines Balls festgestellt hat, sind beide Farben für beide Bälle möglich. Erst in dem Moment, in dem ich mit meiner Untersuchung feststelle, dass mein Ball gelb ist, wird der Ball meines Freundes in Australien zeitgleich blau.

Unser tägliches Erleben sieht anders aus. Mein Ball hat eine eindeutige Farbe und behält sie. Egal, ob ich den Ball untersuche oder nicht. Außerdem kommuniziert mein Ball ja nicht mit dem Ball meines Freundes in Australien.

Dieses Beispiel hat wieder denselben Haken: Die spukhafte Fernwirkung tritt nicht bei großen Objekten auf, sondern nur bei Quantenobjekten. Mittlerweile wurde wissenschaftlich hundertfach nachgewiesen, dass es die spukhafte Fernwirkung tatsächlich gibt. Sie wirkt über beliebige Entfernungen hinweg, sogar über Strecken, die viele Lichtjahre voneinander entfernt liegen. Wenn das eine Quantenobjekt eines Planeten eine bestimmte Eigenschaft annimmt, kann ein anderes Quantenobjekt auf einem weit entfernten Planeten zeitgleich eine korrespondierende andere Eigenschaft annehmen. Das passiert schneller als mit Lichtgeschwindigkeit und widerspricht damit der speziellen Relativitätstheorie. Die besagt nämlich, dass Wirkungen nur maximal mit Lichtgeschwindigkeit übertragen werden können.

Die spukhafte Fernwirkung hat mittlerweile einen wissenschaftlicheren Namen erhalten. Heute sprechen Physiker von sogenannten verschränkten Objekten. Obwohl es mittlerweile wissenschaftlich oft genug nachgewiesen worden ist, merken wir auch von diesem Phänomen im täglichen Leben nichts.[49]

Neben den vielen Unklarheiten sind aber zwei Aspekte eindeutig:

1. Wir wissen nicht, wie die Realität, in der wir leben, genau beschaffen ist.
2. Selbst wenn die Wissenschaft ein komplettes und eindeutiges Modell für die Definition der Realität findet, nimmt der Mensch sie doch anders wahr.

Variabilität nutzen

Wenn meine Sinneseindrücke kein eindeutiges Bild der Realität liefern und zudem mit den Erkenntnissen der Physik unvereinbar sind, stelle ich mir die Frage: Was ist Realität überhaupt?

Die eine, einzige Realität kann es nicht geben.

Realität muss etwas Individuelles sein. Und wenn sie individuell ist, kann sie verändert werden. Dann liegt es an mir, welche Realität ich mir schaffe. Dabei gibt es jedoch einige Aspekte zu beachten:

- Ich nehme an, jeder Mensch möchte sich eine Realität schaffen, die ihn glücklich macht. Glück entsteht allerdings nicht durch Beziehungen, Erfolg, Urlaub oder teure Autos, wie wir es häufig in Filmen sehen. Glück ist eine Lebenseinstellung, die man trainieren kann. Glück entsteht, wenn man hinderliche Glaubenssätze fallen lässt oder positiv verändert, seine Gedanken kontrolliert und gelassen auf Probleme reagiert. Wer glücklich ist, der wird durch Misserfolg oder andere Verluste nicht unglücklich. Gleichzeitig kann er Erfolge oder wohltuende Beziehungen ganz anders genießen.

- Die Physik kann zwar viele Fragen noch nicht beantworten, doch es gibt ein Prinzip, das sich fast überall nachweisen lässt. Es ist das Prinzip von Ursache und Wirkung, das ebenso auf Gedanken bezogen angewendet werden kann. Demnach zeigen auch Gedanken Wirkung. Größtenteils ist uns der Zusammenhang zwischen unseren Gedanken und ihrer Wirkung auf unser Leben nicht richtig bewusst. Das liegt einerseits daran, dass wir vieles nicht klar genug reflektieren, und andererseits daran, dass zwischen unseren Gedanken und Situationen, die sich aufgrund dieser Gedanken ergeben, lange Zeiträume liegen können. Trotzdem haben Gedanken ihre Wirkung! Wer sich eine glückliche Realität schaffen möchte, muss daher in der Lage sein, sich möglichst vieler seiner Gedanken völlig klar zu werden und sie – wo nötig – in die passende Richtung zu lenken.

Besonders wertvoll ist es, negative Gedanken über andere Menschen in positive umzuwandeln.

- Herausforderungen wird es immer geben. Wer sich eine glückliche Realität schaffen möchte, sollte das berücksichtigen. Für das Glück entscheidend sind nicht die Ereignisse als solche. Für das Glück entscheidend ist die Fähigkeit, mit schwierigen Situationen gelassen umgehen zu können.

Da sich jeder Mensch unentwegt seine eigene Realität schafft, ist diese auch bei jeder Kommunikation präsent. Wer die individuelle Realität seines Gesprächspartners im Hinterkopf hat, kann verständnisvoller reagieren.

Gehirntraining: Realitäten verschieben

Jeder Mensch hat sein eigenes Realitätsmodell, das er als richtig empfindet. Es gibt so viele Modelle wie Menschen. Glücklich wirst du, wenn du dir Modelle schaffst, mit denen du möglichst positiv auf viele verschiedene Situationen reagieren kannst. Wenn du unglücklich bist, solltest du dein Modell ändern. Dafür ist es hilfreich, dein momentanes Modell erst einmal zu hinterfragen.

26 *Stimmt es?*

So wird's gemacht: In einer unangenehmen Situation kannst du dich Folgendes fragen:

- Stimmen meine Annahmen?
- Kann ich die Situation anders interpretieren?
- Stimmen meine Emotionen?
- Wie muss ich die Situation interpretieren, damit ich mich gut fühle?

Trainingsmöglichkeiten: während oder nach unangenehmen Situationen.

Tipp: Die Veränderungen werden schrittweise eintreten, erwarte am Anfang nicht zu viel. Indem du dir die Fragen stellst, betrachtest du die Situation objektiver. Das alleine ist bereits hilfreich.

27 *Realitäten verschieben*

So wird's gemacht: Stell dir eine große Truhe vor. Wirf in deiner Vorstellung alle deine Überzeugungen, dein gesamtes Wissen, deine Gewohnheiten, dich selbst und das ganze Universum in die Truhe, und schließe sie. Überleg dir, was außerhalb der Truhe noch übrig ist.

Trainingsmöglichkeiten: abends im Bett.

Tipp: Das Gefühl, das entsteht, wenn du dein gewohntes Ich in die imaginäre Truhe packst, kann überwältigend sein. Empfinde so lange dieses überwältigende Gefühl, wie du es für hilfreich hältst.

Zum Abschluss

Mein Leben ist nach meiner radikalen Umstellung besser als zuvor. Damals kam vieles zusammen, was dazu führte, dass ich endlich Verantwortung für mein Leben übernahm. Dass ich mit dem Laufen begann, meine Ernährung umstellte und begriff, wie sehr meine Zufriedenheit davon abhängt, wie ich über alles denke! Mein Neujahrsvorsatz war der Start in ein besseres Leben und kein Strohfeuer; das macht mich glücklich.

Das Meditieren half mir entscheidend, dranzubleiben, nicht aufzugeben. Ich musste mir größtenteils neues Verhalten antrainieren. Das lässt sich langfristig nur realisieren, wenn sich die Gedanken, die zum jeweiligen Verhalten führen, ebenfalls ändern. Um Gedanken zu verändern, ist Meditation eine hervorragende Methode – sie wird ja auch seit Tausenden von Jahren zu diesem Zweck gelehrt.

Ich meditiere mittlerweile täglich und merke die Wirkung. Vor allem bin ich disziplinierter. Ich arbeite konzentriert an meiner Doktorarbeit und übernehme täglich Aufgaben in unserem Familienunternehmen. Ich bin aber nicht nur disziplinierter, ich bin auch effektiver. In kürzerer Zeit erbringe ich heute bessere Ergebnisse als damals. Gleichzeitig schreibe ich meine Doktorarbeit mit Freude, und meine anderen Aufgaben erledige ich ebenfalls ohne innere Widerstände.

Neben meiner Arbeit gehe ich mehrmals die Woche zum Kampfsporttraining, ich laufe und esse Low Carb. Ich genieße dieses Leben. Es mag sich etwas zu strikt anhören, aber es macht mich glücklicher als mein Laisser-faire-Dasein zuvor. Es ist meine freie Entscheidung, jetzt dieses strikte Leben zu führen.

Indem ich meine Gedanken verändere, reagiere ich in gewissen Situationen nicht nur anders, es passieren auch Dinge, die ich mir wünsche. Beispielsweise treffe ich wieder inspirierende Menschen – das hatte mir in Bamberg gefehlt. Dafür gibt es wahrscheinlich mehrere Gründe: Durch meine neue Einstellung, dass jeder etwas Wertvolles zu sagen hat, und dadurch, dass ich nicht mehr in Schubladen denke, finde ich nun Menschen interessant, die ich vorher eher als uninteressant abgestempelt habe.

Darüber hinaus erkenne ich ein weiteres Phänomen. Die Dinge, die in meinem Leben passieren, spiegeln auch mein Innenleben wider. Ich interessiere mich jetzt für andere Menschen, für wissenschaftliche Fragen und dafür, wie man ein glückliches Leben führen kann. Und jetzt treffe ich auch Menschen, die sich für die gleichen Fragen interessieren und teilweise erstaunliche Antworten haben.

Früher interessierte ich mich für nichts richtig, und mir begegnete auch niemand, der mich inspirierte. Meiner Meinung nach muss es einen Zusammenhang geben zwischen meiner Einstellung zum Leben und dem, was dann auch tatsächlich passiert. Friedrich Dürrenmatt trifft es, indem er sagt:

»Je planmäßiger die Menschen vorgehen, desto wirksamer vermag sie der Zufall zu treffen.«

Des Weiteren habe ich meine Einstellung zum Helfen geändert. Früher suchte ich durch meine Hilfe unbewusst nach Anerkennung. Ich brauchte von anderen die Bestätigung, dass ich ein guter Mensch bin. Jetzt zweifle ich nicht mehr an mir und brauche somit die Bewunderung von anderen nicht mehr. Zusätzlich habe ich erkannt, dass ich nur helfen kann, wenn es mir selbst gut geht. Und obwohl es mir jetzt gut geht, gebe ich weniger Ratschläge als früher. Die beste Hilfe besteht nämlich darin, ein Leben vorzuleben, das andere zur Nachahmung inspiriert.

Außerdem habe ich begriffen, dass weder ich noch sonst eine Einzelperson die Welt retten kann. Die Welt muss zudem nicht gerettet werden. Sie wird weiterexistieren, ob mit oder ohne menschliche Wesen.

Ich kann allerdings kleine Beiträge leisten, von denen andere Menschen und die Umwelt profitieren. Ein Beitrag ist z. B. dieses Buch, durch das ich die positiven Erfahrungen, die ich in den letzten Jahren gesammelt habe, teilen möchte.

Weiterhin ist mir mittlerweile klar, dass jeder, der sich als Persönlichkeit immer weiter zum Besseren entwickelt, nicht egoistisch handelt, sondern einen wichtigen Beitrag für das positive Miteinander insgesamt leistet.

Eine der größten Errungenschaften für mein Privatleben ist die Erkenntnis, dass ich nicht recht haben muss. Insbesondere wirkt sich das positiv auf meine Beziehung zu meiner Freundin, meinen Freunden und meiner Familie aus. Wenn ich nicht recht haben muss, entstehen viele Konflikte erst gar nicht. Ich bin manchmal anderer Meinung, doch ich kann kontroverse Meinungen akzeptieren. Ich nehme mir nicht mehr heraus zu denken, meine Meinung sei die richtige. Dafür gibt es einfach zu viele individuelle Realitäten.

Quellen

1. Swami Adiswarananda. *Meditation & Its Practices: A Definitive Guide to Techniques and Traditions of Meditation in Yoga and Vedanta.* Kindel Edition. Nashville, Tennessee: SkyLight Paths; 2011: Pos. 193.

2. Hölzel BK, Ott U, Hempel H, Hackl A, Wolf K, Stark R, Vaitl D. Differential engagement of anterior cingulate and adjacent medial frontal cortex in adept meditators and non-meditators. *Neuroscience Letters.* 2007; 421(1): 16–21.

3. Hölzel BK, Carmody J, Evans KC, Hoge EA, Dusek JA, Morgan L, Pitman RK, Lazar SW. Stress reduction correlates with structural changes in the amygdala. *Social cognitive and affective neuroscience.* 2010; 5(1): 11–17.

4. Halsband U, Mueller S, Hinterberger T, Strickner S. Plasticity changes in the brain in hypnosis and meditation. *Contemporary Hypnosis.* 2009; 26(4): 194–215.

5. Katwala A. *The athletic brain. How Neuroscience Is Revolutionising Sport and Can Help You Perform Better.* London: Simon & Schuster; 2016.

6. Siehe Literaturangabe Nr. 5.

7. Barnes TD, Kubota Y, Hu D, Jin DZ, Graybiel AM. Activity of striatal neurons reflects dynamic encoding and recoding of procedural memories. *Nature.* 2005; 437(7062): 1158–1161.

8. Muraven M. Building Self-Control Strength: Practicing Self-Control Leads to Improved Self-Control Performance. *J Exp Soc Psychol.* 2010; 46(2): 465–468.

9. Vance J, Wulf G, Tollner T, McNevin NH, Mercer J. EMG activity as a function of the performers' focus of attention. *Journal of Motor Behavior.* 2004; 36: 450–459.

10. Johnson S. *Where good Ideas come from: The seven Patterns of Innovation.* New York: Penguin Random House; 2011.

11. Ovington LA, Saliba AJ, Moran CC. Do people really have insights in the shower? The when, where and who of the aha! Moment. *The Journal of Creative Behavior.* 2018; 52(1): 21–34.

12. Unter: https://de.statista.com/statistik/daten/studie/175483/umfrage/pro-kopf-verbrauch-von-zucker-in-deutschland. Letzter Zugriff am 25.01.2019.

13. Anson RM, Guo Z, de Cabo R, et al. Intermittent fasting dissociates beneficial effects of dietary restriction on glucose metabolism and neuronal resistance to injury

from calorie intake. *Proceedings of the National Academy of Sciences of the United States of America.* 2003; 100(10): 6216–6220.

14. Daulatzai MA. Non-Celiac Gluten Sensitivity Triggers Gut Dysbiosis, Neuroinflammation, Gut-Brain Axis Dysfunction, and Vulnerability for Dementia. *CNS Neurol Disord Drug Targets.* 2015; 14(1): 110–131.

15. Hogervorst E, Sadjimim T, Yesufu A, Kreager P, Rahardjo TB. High tofu intake is associated with worse memory in elderly Indonesian men and women. *Dement Geriatr Cogn Disord.* 2008; 26(1): 50–57.

16. Olsen CM. Natural rewards, neuroplasticity, and non-drug addictions. *Neuropharmacology.* 2011; 61(7): 1109–1122.

17. Mercer ME, Holder MD. Food cravings, endogenous opioid peptides, and food intake: a review. *Appetite.* 1997; 29(3): 325–352.

18. Harte JL, Eifert GH, Smith R. The effects of running and meditation on beta-endorphin, corticotropin-releasing hormone and cortisol in plasma, and on mood. *Biol Psychol.* 1995; 40(3): 251–265.

19. Kjaer TW, Bertelsen C, Piccini P, Brooks D, Alving J, Lou HC. Increased dopamine tone during meditation-induced change of consciousness. *Brain Res Cogn Brain Res.* 2002; 13(2): 255–259.

20. Zgierska A, Rabago D, Zuelsdorff M, Coe C, Miller M, Fleming M. Mindfulness meditation for alcohol relapse prevention: a feasibility pilot study. *J Addict Med.* 2008; 2(3): 165–173.

21. Bowen S, Witkiewitz K, Dillworth TM, Chawla N, Simpson TL, Ostafin BD, Larimer ME, Blume AW, Parks GA, Marlatt GA. Mindfulness meditation and substance use in an incarcerated population. *Psychol Addict Behav.* 2006; 20(3): 343–347.

22. Gardner B, Lally P, Wardle J. Making health habitual: the psychology of ›habit-formation‹ and general practice. *Br J Gen Pract.* 2012; 62(605): 664–666.

23. Kahneman D. *Schnelles Denken, langsames Denken.* 2. Auflage. München: Penguin Verlag; 2012: S. 33–35.

24. Walker B. *Der Izul Reiseführer – Das ultimative Abenteuer. Das Ende aller Probleme. Ein Weg ins Paradies.* Bern: Izul Verlag; 1999.

25. Kets de Vries MFR. Are you a victim of the victim Syndrome? *Organizational Dynamics.* 2014; 43: 130–137.

26. Jha AP, Stanley EA, Kiyonaga A, Wong L, Gelfand L. Examining the protective effects of mindfulness training on working memory capacity and affective experience. *Emotion.* 2010; 10(1): 54–64.

27. Learning-Mind.com. How Black-and-White Thinking distorts your perception of Life. Unter: www.learning-mind.com/black-and-white-thinking/. Letzter Zugriff am 14.12.2018.

28. Wagener J. Darum schummeln Paare auf Social Media. *ze.tt.* Unter: https://ze.tt/darum-schummeln-paare-auf-social-media/. Letzter Zugriff am 16.12.2018.

29. Kühne A. Süchtig nach Informationen. *Der Tagesspiegel.* 14.01.2003. Unter: https://www.tagesspiegel.de/weltspiegel/gesundheit/suechtig-nach-informationen/380506.html. Letzter Zugriff am 17.12.2018.

30. Harari YN. *Eine kurze Geschichte der Menschheit.* München: Pantheon Verlag; 2015.

31. Bench S, Lench H. On the function of boredom. *Behavioral Sciences.* 2013; 3(3): 459–472.

32. Elpidorou A. The bright side of boredom. *Front Psychol.* 2014; 5: 1245.

33. Matsumoto S. *A Monk's Guide to a Clean House and Mind.* New York: Penguin Press; 2018.

34. The Mindful Coach. Cleaning and Mindfulness Meditation. Unter: https://the-mindfulcoach.com/cleaning-meditation-mindfulness-meditation/ Letzter Zugriff am 04.01.2019.

35. Kondo M. *Magic Cleaning: Wie richtiges Aufräumen Ihr Leben verändert.* Reinbek: Rowohlt Taschenbuch; 2013.

36. Saxbe DE, Repetti R. No place like home: home tours correlate with daily patterns of mood and cortisol. *Pers Soc Psychol Bull.* 2010; 36(1): 71–81.

37. McMains S, Kastner S. Interactions of top-down and bottom-up mechanisms in human visual cortex. *J Neurosci.* 2011; 31(2): 587–597.

38. Watkins ER. Constructive and unconstructive repetitive thought. *Psychol Bull.* 2008; 134(2): 163–206.

39. Oppland M. Mihaly Csikszentmihalyi: All About Flow & positive Psychology. Unter https://positivepsychologyprogram.com/mihaly-csikszentmihalyi-father-of-flow/. Letzter Zugriff am 07.01.2019.

40. Osterath B. Bewusste Gefühle. *dasGehirn.info.* 18.07.2018; Unter: https://www.das-gehirn.info/denken/emotion/bewusste-gefuehle. Letzter Zugriff am 07.01.2019.

41. Siehe Literatur Nr. 39.

42. Del Giacco SR, Cappai A, Gambula L, Cabras S, Perra S, Manconi PE, Carpiniello B, Pinna F. The asthma-anxiety connection. *Respir Med.* 2016; 120: 44–53.

43. National Health Service. How it works – Cognitive behavioural therapy (CBT) Unter: https://www.nhs.uk/conditions/cognitive-behavioural-therapy-cbt/how-it-works/ Letzter Zugriff am 19.01.2019.

44. SimplyScience. Optische Täuschungen: Wenn das Gehirn sich täuscht! Unter: https://www.simplyscience.ch/teens-liesnach-archiv/articles/optische-taeuschun-gen-wenn-das-gehirn-sich-taeuscht.html. Letzter Zugriff am 10.01.2019.

45. Hawking S. *Eine kurze Geschichte der Zeit.* Reinbek: Rowohlt Taschenbuch; 2011.

46. Schuster D. *Quantenphysik. Eine leicht verständliche Einführung.* Köln: Self published; 2018.

47. Siehe Literatur Nr. 45.

48. Siehe Literatur Nr. 44.

49. Siehe Literatur Nr. 45.

Register